Yi Mi Zuo You

一米左右

——我在香港当家教

孔瑶竹◎著

中国书籍出版社
China Book Press

图书在版编目（CIP）数据

一米左右：我在香港当家教/孔瑶竹著. -- 北京：
中国书籍出版社，2017.5
　ISBN 978-7-5068-6319-3

　Ⅰ.①一… Ⅱ.①孔… Ⅲ.①儿童教育 Ⅳ.① G61

中国版本图书馆 CIP 数据核字 (2017) 第 172630 号

一米左右——我在香港当家教

孔瑶竹　著

责任编辑　刘　娜
责任印刷　孙马飞　马　芝
封面设计　田新培
出版发行　中国书籍出版社
地　　址　北京市丰台区三路居路 97 号（邮编：100073）
电　　话　（010）52257143（总编室）　　　（010）52257153（发行部）
电子邮箱　chinabp@vip.sina.com
经　　销　全国新华书店
印　　刷　北京市金星印务有限公司
开　　本　170 毫米 ×240 毫米　　1/16
字　　数　185 千字
印　　张　13
版　　次　2017 年 8 月第 1 版　　2017 年 8 月第 1 次印刷
书　　号　978-7-5068-6319-3
定　　价　45.50 元

C目录
CONTENTS

第一章　初来乍到（一）

chu lai zha dao yi

牙医生和脚医生

黄语晏是姐姐，10岁，她还有一个妹妹叫黄语旗，6岁，父母都是大律师。黄先生和Sara面试我的时候黄语旗没有来，黄语晏私下告诉我妹妹去看"脚医生"了。见面之前，黄先生曾骗她们说我是听不懂英文的，所以不可以跟我讲英文。反过来，他也事先跟我打了招呼，如果听到英文就假装听不懂，不要理她，直到她说中文再跟她交流。但此时的话题，显然超出了黄语晏的中文词汇范畴，为了让我听得懂，黄语晏只好中英文掺和着说，还有些广东话口音，特别可爱，但是真的不大容易懂。

我应承了好半天才弄明白：香港的很多小朋友因为家庭条件很好，从小就穿一些很贵很时髦的鞋子，这些鞋子的底和帮都很结实，也很符合人体工程学，穿起来非常省力也不容易受伤。但是坏就坏在这儿了：孩子脚部肌肉的力量逐渐会变得很弱。这样下去，孩子的走路姿势会改变，会连带腿上的肌肉也发育不协调，进而会让腿变得不直，运动起来也容易受伤。

我听到这里，心里无比酸楚。我小时候大概是没见过什么世面，总是穿那种绿色底的小白网球鞋，底比较薄，用力蹬地的时候脚底都会麻。久而久之，腿部和踝部肌肉锻炼得不错，看来是因祸得福了。

黄语旗去看脚医生，而语晏则是刚刚看完牙医生过来。牙医生我还是看过的，不过我是因为吃糖太多有虫牙，而她是因为刚好开始换牙，于是她张大嘴巴拉着我的手让我摸她那颗松动的牙齿，我们都被逗乐了。她看到爸爸妈妈也都笑了，非常得意。

黄先生问我"感觉还可以吗，教语晏的话"——黄先生的中文其实还不如黄语晏，词汇量可能比语晏大，但是语法显然不如黄语晏的，永远是倒装句，这说明汉语不是他的母语。但他自己非常自信，总是喜欢"横插一杠子"教黄语晏、黄语旗说中文，他说得不对的地方我就不好直接指正了，因为怕影响他的家长权威，后来我也因为这件事找黄先生谈了一次。

语言有一种先入为主的能力，先学习一种母语再去学习另一种语言时，后者总会受到前者的影响。只有完全生活在两种语言环境中的孩子才能真正在两种语言之间自由切换。而黄先生是马来西亚人，据他说，马来西亚只有好学校具备良好的中文环境，但他小时候家里穷，所以上的学校中文环境不是很好——言下之意就是他的中文说成这样也不是他的错。黄语晏、黄语旗虽然在好的学校，但是因为是国际学校，中文环境也不乐观。而在黄先生看来，香港的各种商业往来越来越多地向内地倾斜，学好中文、说好普通话就意味着有更好的发展机会。

我说："语晏非常可爱，我很喜欢她。"他说如果我见到语旗，一定会觉得语旗更可爱，但是"不要相信她，她很坏"。

他说这话的时候连他自己也笑了。Sara见我笑了，便一脸认真地又再重复了一次："真的，语旗非常清楚自己可爱，所以她有时候还会故意装可爱、装可怜，你不要理她，永远，不要，心软。"

听到这儿，我都要笑抽了，我想这一家人应该还不错。

第一周

面试成功之后，我很快就得到了两位大状（"大状"是粤语里对"律师"的称呼）和两个孩子的时间表。她们的学校kings通常下午3:15就放学了，这还是因为学校在九龙塘名校区，所有学校一起放学的话容易堵车，所以为了避开其他学校的放学高峰，推后了15分钟。我们从学校回到她们在半山的家大概需要30分钟，休息30分钟，上2小时课，再返回九龙塘我自己的学校的话，我最早可以赶上晚上7:00的课。这真的给我选课造成了很大的困难。香港的大学，每堂课之后都跟一小堂报告课，报告课虽然只有50分钟，但是时间十分灵活，有可能上午上课，晚上才报告，也有可能周一上课，周五才报告。我仔细地把

15:00—19:00这段时间的课排除掉，因为这段时间我要去给两个孩子上课，这样一来我就真的没有太多选择了。

所幸的是，学校最早的课8:00开始，我选的课几乎都是这个时间段——这个时间大部分香港本地学生起不来床，迟到又会影响分数，所以没有什么人跟我竞争，竟然全部一次顺利选过了。所以此后的一段时间内，我的作息时间都变成了上午听别人给我上中文课，下午我给别人上中文课。

第一周上课是很困难但也很简单的。困难在于没有人能指导我该做什么、怎么做，我掌握不好进度，但又不能完全相信黄语晏、黄语旗说的话——她们很有可能会为了给自己争取一点"利益空间"而欺骗我。进度慢一点倒没什么，但是如果她们认为我很好欺骗，今后就不会再尊重我，就会一而再再而三地欺骗我，这是我不允许的。但简单又在于，黄先生和Sara也深知我面对的这种情况，所以他们几乎不对我做任何要求，只是要我在出现问题的时候再跟他们讨论解决，因此至少在心理上我就轻松了不少。

第一天，我认识了接送我们的司机AL。AL是印度人，但是很时髦，也挺有礼貌，只是印度英语我一下子还不是很适应，所以即使我提前到达kings我也不会打电话给他，宁可在附近的公园里看一会儿书，等接到两个孩子再一起回到车上。

第三天开始，我陆续见了kings的校长和两个班的各科老师，我不需要记住他们，只要他们记住我就行了，这样以后，我来接她们两个就不必每次都登记了——当然，必须由Sara打电话通知学校后才行，非常安全。

这一周，我还要跟家里的两个工人、小区的工人、社区巴士的司机都认识一下，这样不管遇到什么情况，比如说迷路，比如说需要帮助，我至少知道可以问谁。至此，我深深地感受到了背井离乡的不容易。大概也是受到这个刺激，我后来也一直要求黄语晏、黄语旗在陌生的环境里，一定要很快地找到可以信任和提供帮助的人，最好能够很快交到好的朋友。

这一周，对于黄语晏和黄语旗来说可能是平淡无奇甚至十分轻松的一周，而对我来说，则是开始布局的一周。

第二章　消极的背后

xiao ji de bei hou

为什么会有"熊孩子"

提到孩子，就不能回避"熊孩子"的问题。从进化心理学角度看，5~13 岁的孩子在很多成人眼中显得特别"讨厌"。

有些进化生物和心理学研究认为，"可爱"是人类重要的求生机能。也就是说，人类先天具有或主观摆出"婴孩形态"激发成人本能的爱心和保护欲。这种机能使他们从刚一出生就能得到强者的关注和保护，大大保证了脆弱的新生体和幼体的存活率。

那为什么在婴儿期过了之后，他们就不再可爱了呢？这个问题包含两方面的潜台词：一是为什么孩子不需要卖萌了；二是成年人对他们不再包容了。有人认为，孩子也是很功利的，过了婴儿期之后，孩子拥有了一定的能力，死亡的可能性显著降低，因此表达感受的欲望就更加凸显，这个时候我们就会觉得，孩子没有以前合作，甚至任意妄为。

还有一部分"熊孩子"是由家长的决策倾向造成的。孩子会观察父母的决策倾向并做出应对，如果父母的决策倾向是"讨人喜欢"，那么孩子就会很在意人情世故，有时会牺牲自己的欲望来融入周围的环境；如果父母的决策倾向是"哄我开心"，那么孩子就会为所欲为，越来越"熊"了。

校　服

我上学的时候，可以说是被丑哭的校服"荼毒"了整个青春期，当然我理解这种丑哭的校服是有它存在的意义的。

首先我们这一代人穿的这种运动服校服，是可以穿着上体育课的，这样一来，家长就不用给孩子买很多套不同的校服，在家庭开支上就减轻了一些负担。同时，这种运动服可以穿很多年，青春期的孩子发育很快，身高变化非常大，如果是西装类的校服，可能半年就穿不下了，还是有点儿浪费的。

除了经济方面的考虑，中国内地的学校还有一种趋势，就是要把青春期孩子的所有吸引人的魅力附加物弱化，以避免一些"不必要"的麻烦，比如说早恋。我的学校除了必须穿校服，不许染发、烫发、化妆之类的要求之外，还要求男生必须剪板寸，女生短发不过耳，长发必须梳马尾，感觉比监狱略微好一点，加上肥大统一的校服，在外貌上确实没什么吸引力。

而有些地方的学校则注重在青春期就培养孩子对自身外表的敏感度，认为这是美学美育的一部分。这也是有一定道理的，比如说中国和俄罗斯都会让孩子们进入军营军训，但我们的目的是增强孩子的组织观念，增强整个民族的动员力；而俄罗斯则是让青春期的男生感受军装的英武，建立从军理想——对外表的关注不是没有实际意义的，而是有心理内涵的。

香港的学校也要求孩子们每天穿校服，但是校服的样式则更加多样。首先不同年龄段的孩子校服类型不同。比如幼儿园的女孩大多是连身的白裙子点缀少量有色的腰带和水手领口，配白袜子和小黑鞋。除了可爱，这样的衣服容易穿脱，沾上脏东西也容易看见，不易滋生细菌。进入中学之后，校服就各式各样了。公立学校的校服很有香港特色，女生是半裙和衬衫。九龙塘以国际学校为主，每个学校的生源主体又不大一样。比如，欧美学生偏多的学校校服是各种花色的合身西式套装，女生是同色的及膝裙；印度学生为主的学校，校服颜色更有民族特色一些，女生是包臀的一步裙，比较短，大腿前侧还开气儿，非常合身好看。

我们家的这两个，本身就是比较偏香港本地的校服样式，加上自己也不大关注外表，所以一个是校服穿得松松垮垮好像套在竹竿上，另一个是衣服上永远有汗渍和污渍，有时候还有破洞，如果不是菲佣发现了给补上她就能一直穿着，就像小男孩一样。当初，我自己为了把丑陋的校服穿好看可是没少花钱

花心思花时间，比如说在衣服尺寸上做文章，比如说重视内搭，比如说搭配好看的书包和鞋子。我觉得这种反差也告诉我们一个道理：孩子如果重视外表，单靠给他们穿丑衣服也是没用的，如果不重视，好看的衣服也能穿出破落范儿来。所以我还是那个观点，有一些教育行为是画蛇添足。感到费力吗？那可能是因为从一开始就用错力了。

撒　谎

在我来之前，黄先生和Sara都严正地提醒过我，黄语旗很会撒谎，不管她说什么不利于我的事情他们都不会相信的，所以请我放心，不要被黄语旗胁迫。当时我吓了一跳：如果我是一个坏老师，得到了这样的信息之后，岂不是很容易就能够让黄语旗过得很痛苦——当然后来事实证明没有那么容易。但我也确实从那时开始格外关注黄语旗撒谎的问题。

关于撒谎和表演，我看过一个心理学案例，说一对小姐妹常会说："让我们扮演一对姐妹吧！"——这样的扮演当然没有任何实质意义，因为事实上她们就是姐妹。但是很奇妙的是，这种表演似乎会让彼此之间的关系更加真实。

所以是否可以这样理解：正向的表演使得正向的事实得到强化。当然也就有一种反情况，那就是负向的表演会加强负向的事实。比如当一个人假装忏悔自己的谎言时，他仍然是在撒谎，那么这就是一种负向的强化，假装忏悔之后连本来那一点点愧疚也荡然无存了。这大概也是我非常关注黄语旗在犯了错误后，假装自己很委屈，或者假装自己知道错了来敷衍我的原因。所以我总是尽一切可能拆穿她——她的这种习惯除了是在挑衅我的智商之外，她也在削弱自己对撒谎这件事情的愧疚。

有一天我去班里接她，顺便看了一眼黑板上的作业，然后我随意地问了一句："作业记下来了吗？"她说："记了。"我说："功课也带了？"她说："带了。"——但我扫了一眼她的桌子，功课本在里面。我没有说什么，偷偷把功课本拿出来塞进了我自己的书包里。回到家里吃过点心之后，我说好了我们去做功课吧，这时候黄语旗的戏就来了。她说："呀，我没有记功课！"我都没有抬头，说："没关系，我用手机拍下来了。"然后把手机递给她。她有些尴尬地笑了，说："你为什么拍这个，你拍这个做什么。"

其实这真是两个好问题。她自己都没有意识到，她的这两个问题充分暴露了我"罪恶"的想法，我当时就考虑，以后绝不再用这么刻薄的手段修理她。

我为什么拍这个？是因为我已经识破了她的小花招，并且我一秒钟都没有犹豫，当时就决定收拾她而不是先警告她——我都没有给她一个思考和选择的机会就判她有罪了，几乎等于钓鱼执法。我拍这个做什么？一是为了不让她的小阴谋得逞，仍然有作业可做；二是作为惩罚她的依据——有时成年人的手段何其残忍。

然后，尴尬的黄语旗确实骑虎难下了，因为功课本子她确实没有带回来，这个她并没有撒谎。但这时候，我又把功课本子也拿出来了，说："没关系，我看到了，我帮你拿回来了。"——我真是太糟糕了。

如果黄语旗是一个有着完善的逻辑能力的孩子，她就应该质问我，为什么在学校的时候我要问她有没有拿，为什么当她说拿了的时候我没有反驳她，而是偷偷拿回来不告诉她。但是幸好黄语旗是个不爱动脑子并且肚量很大的孩子，她确实被打蒙了，只好老老实实地接过本子开始做功课。

但是因为她本来已经做好今天不用做功课的打算，现在的结果与预期落差太大，不出所料地她在做到一半的时候开始找麻烦、闹脾气。我把在地上撒泼打滚的她控制住，看着她说："我知道功课很烦人，我也知道你今天为什么哭闹，因为你本来想要今天不用做功课的，你做了万全的准备，你没有把功课记在本子上，也没有把功课本带回来，你生气是因为你已经做得这么周全了为什么还是没有成功对不对？"黄语旗被我说中了心事，显得有点儿惊讶又有点儿尴尬，愣在那里不知道该不该做出反应。我接着说："你想不想知道自己为什么没有成功？"她还是呆呆地看着我——就像个小傻子，非常可爱。

　　我说："因为我就是故意要让你失败，不光是你，任何人撒谎我都会想办法让他失败。撒谎是你犯的所有错误里最坏的。你要是直接在学校就跟我哭跟我喊说不要做功课，成功的机会还大一点；或者你做到一半说我就是不想做了你告诉爸爸吧，也有成功的机会；唯独撒谎，我保证你每一次都会失败。这一次，我可以不告诉爸爸妈妈，但是如果下一次你还这样做，我就连今天发生的事情一起告诉他们，我保证我有办法让你爸爸每天打你一顿，你听明白了吗？"

　　虽然方法很不得当，但这一天确实是有收获的。在此后的一个月里黄语旗都有点儿蔫蔫儿的，因为还没有缓过神儿来，也有点儿怨恨我，但她毕竟发现，不撒谎日子也可以过，慢慢地就又开朗起来。

　　我平时还教了黄语旗很多看起来不那么上得了台面的技巧——这些我会慢慢说到，但我为什么一定纠正她撒谎的毛病呢，因为我担心长此以往她会丧失荣誉感，那么以后做任何事情都不会很积极，也就做不出什么有价值的事情了，我认为这才是撒谎对孩子最大的危害。所有那些做错事的人都会借助弄虚作假来让自己免责——这是人的本能，但正是这样的本能，与学校竭力想在孩子们心中培养出的荣誉感相抵触：每当处于危险或紧张的时刻，孩子们总是会一次又一次地用谎言来帮助自己脱身，而当危机过去之后，他们只会记住自己成功逃脱的窃喜，而不会觉得悔恨，于是，荣誉感就在一次次的撒谎中变得越来越淡漠，在所有的竞争中，就不屑再以最纯粹的努力来获胜，甚至对胜出本身也丧失了敬畏，那么人生还有什么意思呢。

　　我们还有一种思潮，就是认为为了某种高尚的目的而说的谎言，也是一种英雄行为——我不是说这是不对的，只是认为这会给孩子们带来很大的困惑。比如说明明不喜欢收到的礼物却还要说真美；明明很受伤却还要说没关系，尤其是明明最爱的人已经去世了我们还要对孩子说他只是去了很远的地方，这种"善意的谎言"，除了欺骗了孩子的感情，让他们在很多年里都在等一个永远不会来的人。最大的问题就是：因为我们这些成年人一再撒谎，孩子才会不清楚那样做是不对的。我们举了很多例子来证明有些谎言是善意的甚至是必要的，但是我们至今无法证明这些"善意的谎言"本身是合法的，所以我们有必要永远慎用"善意的谎言"。

即使不存在成年人给予的压力，即使在两个孩子之间，是否能够诚实相待也要视情况而定。显然，能够彼此分享一些知心话和秘密的时候，两个孩子的友谊会得到加强；但如果这份友谊褪色了，那么当初约好不说出去的承诺就变得没有那么强的约束力了。

"爱戴"和"欣赏"带来的诚实也是一样的。孩子面对自己喜欢的人撒谎时，要更困难一些，他们自己内心是不愿意欺骗所爱之人的。所以对于我来说，当务之急，就是不断巩固这种受爱戴的情形，这样她们就会对我建立正向的习惯，那么即使以后她们没有那么喜欢我了，也不太会来欺骗我，因为她们已经形成习惯了。

所以说，约束孩子不去撒谎最好的方式并不是拆穿、惩罚、恐吓，而是树立良好的榜样，获得孩子的爱戴，让他们找不到欺骗的理由，从情感上不愿意欺骗你，从习惯上不适应欺骗你，然后才能明白，要以真诚和荣誉感赢得整个世界。

第三次辞职

尽管"执教"时间很短，但我也经历了三次辞职。其中两次，是我真的对自己的能力产生了怀疑，应对不了压力：我觉得小朋友成长中的每一秒都是非常宝贵的，如果我自己思路不清楚，就一定不能够冒险拿小朋友的前途做实验。而唯有第三次辞职，是我对黄语旗做出的反击。

当时她们有一个小长假，Sara决定带全家回爱尔兰看望孩子的外公外婆。但是我学校还有课，不能随行，所以这一周的中文学习全部都交给光盘了。这套光盘是黄先生为孩子们长时间坐飞机专门准备的——其实根据我自己的学习

经验，如果不是打起十分的精神，光盘里的声音最多算是个背景音，实在是多此一举。但激怒我的是，黄语旗小朋友，在收拾行李的时候，特意把每一张光盘都打开"检查"了一次，然后再很用力地把它按回去，结果"不巧"的是，因为太用力了，十张有七张都在检查过程中被按出了裂痕，有一两张干脆从中间断开。我看着她做完这些，感觉到血往脑子里涌，肺都要气炸了。其间，她也看到我看着她，但是因为我不动声色，她并没有看出来危险将至，仍然假模假式地收拾光盘。我一直等她做完了，才说："你的光盘可能听不了了，我会去叫爸爸在出发之前再买一套新的给你，至于光盘为什么听不了了，等爸爸回来你向他解释好吗？"

黄先生和Sara都曾经警告过我，黄家二小姐的情商和智商都是非常惊人的——从一个6岁的孩子能想出这种坏主意并且当着大人的面从容不迫地破坏学习资料逃避学习就能看出来。我能想象，当去往爱尔兰的飞机平稳了，Sara说"好了，拿出光碟听一听中文吧"的时候，黄小姐会"惊讶地发现"每一张光盘都听不了了，然后她将拥有一个无比轻松愉快的假期。

其实我何尝不希望她能够拥有一个轻松愉快的假期呢。如果她只是故意少带几张，或者背着大人做手脚，我都可以不用这么激烈的方法对付她，她敢当着我的面做这些，也许也只是因为把我当作"自己人"而不需要避讳——这也正是我一直以来努力获取的。但令我担心的是，她同时也是在测试底线和挑战权威。人类毕竟也是一种动物，天生就懂得两件事情：一是通过破坏和杀戮来判断自己的能力和自己在食物链中的等级；二是通过挑战权威来寻找底线。

所以，尽管我到现在也坚持认为这些光盘对她来说根本没有什么用，但是我必须举报她，尽管这意味着她一定会挨一顿揍，而我在前一段时间里从她那里所取得的信任也将付诸东流。

我又要说，黄语旗是一个双商都非常高的孩子，我给了她片刻的喘息，结果差点儿给自己惹上麻烦。当时黄先生不在家，所以我先上楼去找Sara。Sara当时在接事务所的电话，所以我在会客厅等了大约5分钟，就是这5分钟几乎扭转战局。

我对Sara说明情况的时候还是比较冷静的，但是Sara对语旗挑战权威的行为已经太熟悉了，果断来到楼下的书房处理这件事。她问语旗光盘的事情，黄语旗表现得好像很害怕似的，战战兢兢地拿出了一堆光盘，Sara让她拿录音机放出来，她放了几张——大部分竟然是可以听的，Sara的气当时就消了一半。而我已经说过了，有几张光盘是当场就断成几片了，而她拿出来的这一堆光盘里显然没有断掉的那些，我这才明白，在我上楼的几分钟里，黄语旗已经迅速地挑选出来勉强还能听的几张来应付检查。

果然，Sara非常忙，看到事情不严重，她就口头警告了黄语旗，说"我不想再听到Miran举报说关于你的任何事情，否则我一定会告诉爸爸"，黄语旗惊魂未定似的小声说好的，然后Sara就上楼了。

Sara一走出书房的门，黄语旗就不再假装害怕了，谈笑风生。黄语晏显然知道我不在房间里的那段时间黄语旗做了什么，但我不会去问她，第一，我知道问不出来——姐妹之间平时闹得你死我活的，但如果关键时刻不能一致对外，那便不配称为姐妹了。第二，我也不希望黄语晏认为我把她轻看成一个会出卖别人的人。

但是很明显，事情已经升级了，我绝对不能让黄语旗就这样过关，否则以后她还会继续挑战下限。于是我暂时由着她们俩庆祝胜利。我背对着房间，手里拿着书，默默地想，断掉的光盘到底在哪儿——我不能无目的地翻找，那样的话黄语旗就更得意了，我必须一击即中才能消灭她的气焰。

我想，这个藏东西的地方必定是她情急之下立刻就能想到的，但又是爸爸妈妈和我一时半刻不会想到，也不会去动的地方。书包里不行，下课之后，不等我走出房间菲佣就会进来收拾书包，她没有时间再转移走；桌上的文件盒里不行，她爸爸坐在这里的时候最喜欢东翻翻西翻翻。书房里就这么几件家具，不出一分钟我就肯定：东西在书架上。书架最下一层和最上一层都是玩具，不适合藏东西，只有中间三层可以放，而黄语旗个子矮，基本上她的东西只放在下数第二层。而"犯罪"的人的心理是：罪证必须在自己能够掌控的地方才安心，所以我想必定是在她喜欢的那几本书里。最近我们在读《西游记》，这几本随时会被我抽出来，她不可能藏在这里；黄语晏在读《红楼梦》，她会帮助妹妹掩盖罪证但是还不会傻到引火烧身，所以这几本也不是。我什么也没说，直接走到书架前，把那一套《水浒传》抽出来，光盘噼里啪啦地直接掉在了地上。

光盘掉出来的一瞬间，整个房间里都安静了，黄语旗小声叨咕了一声"oops"，黄语晏身上没有锅，当时就兴奋得不行，摇着我的胳膊一个劲儿问："miran你为什么会知道藏在哪里！你好厉害！"

我看着黄语旗，说："你应该庆幸，是我找出来，不是爸爸找出来。如果是爸爸找出来你猜会怎么样。我现在很生气，但我还是给你一个机会，你自己上楼去跟妈妈解释。你这样做的好处是，爸爸晚上回来，会先听到你的解释而不是我的，你还有机会道歉。如果你不去，那么我就去，那时候我就有什么说什么了，你自己很清楚还有多少事是我知道而爸爸妈妈不知道的。你自己解释完也一定会挨打，但是你只会因为这一件事情挨打，其他的事情如果爸爸不问，我就不说，成交吗？"

黄语旗本来以为已经大获全胜，突然被翻盘，血气上头。她本来想激怒我，但结果却变成她不得不按照我说的做，这让她很难接受。于是她不顾姐姐的提示，给我放了狠话，说"你要去说你就去说吧！"然后就低头假装做功课——其实没有我帮她她根本也不会做，没有我的帮助，想要通过做好功课来转移爸爸注意力的想法也要落空，她更加难以接受了，作业本都要被划破了。

我心里暗暗感叹：黄语旗经常挨打，黄语晏不常挨打，所以黄语晏对危机程度的判断不如黄语旗。如果我直眉瞪眼去找黄先生，直接说情况，对黄先生来说这就和她没完成功课或者考试不及格是一样的，就是日常事故——这就是黄语旗敢于死硬的原因，她预计到了后果会降级。

我本意是不愿意孩子挨打的，对精神上的摧残太大了，与父母感情上的裂痕弥合起来也非常困难，但这一次我必须用点儿手段让后果升级了，只有这样才能让她停止这种试探。

所以我当天没有找黄先生谈，而是隔了一天以示冷静。我如常上完课，黄先生问过了功课，表示比较满意，然后我才说"我想跟你谈一谈"。我当时余光看见这俩孩子脸上顿时就变了颜色——晚了我的朋友——我心想。

黄先生一听我的语气，脸上也变了颜色——刚刚表扬完两个孩子就被打脸，强压着火说："你们两个上楼去。"我说："不需要，她们两个可以听，如果我辞职，她们两个也应该知道。"黄先生最怕的就是又要重新抽时间面试家庭教师，便急着说："我们都觉得你做得很好，语晏语旗最近进步都很大。"黄语旗这时候也发现事情搞大了：如果我不教她了，爸爸会非常生气，她要倒霉好一阵子，更重要的是，没有任何一个老师像我这样好说话，这是她们早就意识到的。她在跟我斗争的时候，没有把我可能会离职这一点算进去——这就是小孩子看事情的局限性，她们还只能就事论事，不知道成年人会扩大战场。所以她慌了，没等她爸爸开口，她抱着我的腿说："miran你别走你别走。"看她那张可怜又真诚的小脸儿，如果当时我不是在整治她，我真的会原谅她了。黄先生看我不置可否，就说："语旗，没礼貌，放开miran。"然后就追问我，黄语旗究竟做了什么事情，我可以尽管告诉他，他一定会处理，请我一定要留下来。这时，我才说了我发现的语旗所做的事情和她的处理方法。

当然，我也不想语旗被打得太狠，所以我说："在我来之前，显然是没有过这种情况的，所以一定是我的方式方法有错误，才会让语旗学会了一些不好的事情，所以我辞职。"黄先生一再强调我做得已经很好了，说绝对不是我的责任，叫语旗向我道歉。

最后我当然是留下来了，条件是黄语旗不用挨打，黄语旗此后就知道了一个事实：我想让她挨打她就会挨打，我想让她没事她就会没事，知道自己还没有和成年人战斗的资格，于是终于暂时放弃了在这方面的努力。

对于撒谎，我一直深恶痛绝。如果能让小朋友从心理上不愿意撒谎当然

很好，但是像黄语旗这样的孩子，他们很看得开，没有什么心理障碍和精神追求，那么如果能够让他们知道撒谎要付出的代价会远大于诚实，从而不敢再撒谎，那也是很值得的。

假　装

能够隐藏自己的感受的孩子往往不会成为"熊孩子"，但是隐藏真实感受依然是人类进化和成长的一个可悲的标志。

黄先生的老板在每年圣诞节的时候都要组织派对，所有的员工都会带着家人出席——尽管大部分人觉得这种社交场合很累，但是谁敢在这个时候不给老板面子呢。然后大家都会在圣诞节的晚上强打精神，四处寒暄。黄语旗曾经一脸认真地跟我说："爸爸的老板是一个很好的old man，但是他很闷。他会摸着我的头说你真可爱——其实他连我的名字都忘记了。"

我一下子笑了出来，我说："你就这么跟他说了？"她说："没有，爸爸看到他说我可爱很高兴，所以我就很可爱地跟他笑，然后他给我糖。但是是爸爸想要我可爱，我一点儿都不想可爱。"

那一场派对时，黄语晏不到10岁，黄语旗不到5岁，但是两人都已经很清楚社交场合和日常生活的不同，学会"照顾别人的感受"，假装喜欢一个事物来获取利益，直白一点说就是会察言观色和隐藏感情了，真是可怜啊。

假装喜欢或者是假装不喜欢，本质上是一样的，就是孩子开始学会伪装自己的感情。他们伪装的原因就是我觉得可怜的地方：这意味着他们的父母没有像那些"熊孩子"的父母一样给孩子那么多的关照，所以随着成长，她们明白自己已经开始失去保护伞，要学会面对和融入真正的世界了，这个世界并不是那么真实和美好的。

当孩子开始能够控制自己的行为并学会社会认同的反应后，情绪也会通过越来越微妙的方式表达出来——这是一个很有意思的现象，也是一个很无奈的现象。比如我们谈到黄语旗和黄语晏在对待欲望的策略时提到，在中国人的教育里，总是强调"隐忍""克制"，要求孩子们不要和别人争抢玩具，受了委屈要原谅对方——根本不管孩子心里是怎么想的。久而久之，孩子们就变得很善于假装：当别的孩子得到了自己垂涎已久的一等奖时也不表现出生气，得到的礼物是自己根本不想要的东西也不表达出失望，甚至要表现出一种比真实的感情更"礼貌的"感激或者是高兴的情绪掩饰自己。

我们有一个基本的情绪表达规则就是，"当一个人给你一件他认为你会喜欢的东西的时候（哪怕你不喜欢），你要看上去高兴"——反正我的父母是这样教我的。在我看来，这与撒谎没有本质的区别：我失望就是失望，不喜欢就是不喜欢，我可以不让别人明显地感受到这种失望，但是没必要非要让他以为我很满意——难道不违背自己的真实感受就会令人讨厌吗？这只是一个尺度和平衡的问题，可是太多的家长懒于帮孩子们寻找平衡，不是过度放纵就是过度约束。

何不去想办法开阔孩子的视野呢？让他们知道世界不只眼前这么大点儿地方，能够得到的也不只是眼前这么大点儿利益。视野开阔的孩子就会知道，别的孩子得到了一等奖，我还有机会得到其他领域的一等奖；别人送给我的礼物并不是我想要的那一个，可是我也不需要那么失落，因为我还会收到很多礼物，早晚会得到想要的那一个。或者我真的很嫉妒一个人也没必要假装自己喜欢他，跟不喜欢的人减少接触不就好了——完全不用演变成"善意的谎言"。

从这些例子中我们发现，隐藏感情有两种：一种是与真正的感受相比，情绪的表达在强度上减弱。比如我提到的那种情形，我太嫉妒一个人了，我不需要假装自己喜欢他，我不去参与评价就可以了。

另一种是与真实的感受相比，情绪的表达在强度上增强——尤其是那些积极情绪的表达。对积极情绪的夸大和对消极情绪的夸大是有本质区别的：前者是为了照顾他人的感受，后者是为了扩大自己的利益。

相比之下，年龄更大的孩子在收到第一件礼物时，他们的笑容比那件礼物应该得到的更灿烂——因为这时孩子已经懂得放大喜悦来取悦和安慰送礼的人。比如我的亲身感受，黄语晏对我送的礼物都表现得非常积极和开心，而黄语旗有时候则会挑三拣四。但前几个月，两个孩子来内地游学时，黄语旗随身带着我送给她的企鹅玩具，而黄语晏并没有，这是因为黄语晏虽然当时表现得非常高兴，但事实上她对那些礼物并没有那么喜欢，而黄语旗如果表示了喜欢，那么就是真的喜欢，所以会走到哪里都带着。

年幼儿童在独处时，他们的意志、目标，甚至情绪，都是反复无常、波动起伏、互相矛盾的，这是"熊"孩子的特点之一，也是每一个年幼儿童的正常特点之一。但是，我们成年人强行给他们设定了一个需要一直遵循的普遍规律——让别人满意，不要让别人不开心。

而孩子就像植物总是向着阳光生长一样，他们朝着我们希望的方向发展。有什么东西让你微笑了，他们就认为这个东西非常重要，一再重复，其实可能你微笑的原因只是觉得这个东西很滑稽；在游戏中，获得一点点成功他们也会不断看向你，希望引起你的注意；他们会研究能够和你共鸣的方法，似乎他们的主要使命就是了解你的欲望，顺应你的欲望。通过这种顺应，孩子们就会按照我们规定的路线成长，变成我们想要的那种人。

黄先生是典型的亚洲人，他会要求孩子伪装情绪以体现礼貌，Sara有时候会嗤之以鼻——Sara是一个如果不喜欢就马上质询的人，但是也会很孩子气地喜欢一些没有道理的事物——就是我们所说的，不够圆滑。两个孩子同时处在家长的这两种处事特点之下，是不大符合教育规律的，因为有时会让孩子感到无所适从。但我想，这要比只在其中一种处事环境之下要好，因为至少她们可以比较判断，选择一种自己喜欢的处事方法，甚至是把两者结合出一种自己独特的处事方法，多元文化有冲突也有融合，但是没有处在多元文化环境里的孩子们，可能就没有这么幸运了。

表　演

前面已经说过，黄语旗很会撒谎，我强烈怀疑她演戏方面的兴趣和天赋也来自撒谎技能。比如说最俗气的，一分钟哭之类的，对她来说绝对不是问题。此外她还善用肢体语言，会配合周围的环境。比如想要表现自己很可怜的时候，她会自己到角落里背对着大家坐下，身体缩得比平时小很多——坐下表示精神疲惫，身体缩小表示失去自信和斗志，在角落里是利用了空间对比让自己显得更加无助。头微低，但是又不会完全不做控制地让头彻底低下去——不做控制意味着身体放松，而身体放松则意味着精神放松，这与她要塑造的形象是不符的。此外，她还会把重心微微歪向一侧——这也是用来表现内心的无助的，非常自然，我觉得因为有了她的表演，整个空间都变成了一件艺术品。

但是我为什么会知道她是假装的而不是真的伤心呢，是因为这个时候只要谁给她一颗糖她就能立即开心起来——一个真正伤心绝望的人，除非是令他伤心的事件本身得到转变和改善，否则任何其他的奖励都不可能令他振作起来。当然，黄语旗对糖果的热爱是真诚的，她即使在真正忧郁的时候，也还是爱糖果的，只不过会漫不经心地把糖收下，就像是一种下意识的动作，一种本能反应，但是不会马上吃，也不会马上开心起来。

黄语旗也有演不好的时候。比如有一次，她也学姐姐的样子跟我大哭大闹——我对黄语晏的纵容确实给黄语旗造成了不良影响，但后面我会讲我的苦衷，眼前我只有先把自己埋下的雷亲手排掉。那一天我没有像处理黄语旗撒谎的那次一样"歹毒"——我也在不断自我反省和进步，采取更温和和理智的方法。我就静静地看着黄语旗哭闹了一会儿，她也正不知道接下来该如何进行，我真诚地询问："怎么样？不好演吧？"

她还狡辩说："我没有在演！不知道你说什么！"双手抱在胸前，脸别到一边去，表示非常不满。

我说"如果我说得不对的话你可以随时打断我。人在很伤心的时候，是不会大喊大叫的，而是会流很多眼泪，但是发不出声音——这点姐姐也做得不好，姐姐总是号啕大哭，只是我没有说过她，因为这不是重点，重点是我需要知道她为什么想要这样表演。"黄语晏听我点到她，讪讪地笑，但也很感兴趣怎样才能演戏骗过别人，所以放下电脑望向我们这一边。

正如我说的，我从来不忌讳教黄语旗、黄语晏一些不太好的技巧——你不教给她，她早晚会从别的地方学来然后还来跟你卖弄，搞不好还会觉得你很蠢，看不破她的小伎俩，结果你还要费些精力去让她们知道自己没有那么好骗。所以不如干脆都从我这里学，顺便也是敲打一下她们两个：你做的什么事情我都知道，我只是不说你而已。

我转向黄语晏说："比如说你看的《红楼梦》，里面有很多人吵架对吧？"她说："对。""那些说话很多的，都是生气、愤怒，都不是伤心对不对？伤心的时候怎么样？她们就那么安静地走了，不想见你了，根本就不跟你说话，更不可能跟你大喊大叫、大吵大闹。她们会自己偷偷地哭，心里默默地不再喜欢你了，对不对？林妹妹在生气的时候会撕掉自己写的文章，弄坏自己喜欢的东西，甚至弄伤自己，但是在最最伤心的时候，连哭都不哭，对不对？"黄语晏呆呆地说："对。"黄语旗一看姐姐也证实了，也来精神了，就着急问我："那只要不说话就行了吗？"

我说："你看，你就是在演戏吧！如果你很伤心，这个时候怎么会关心怎么才能演好戏呢？如果很伤心，你根本就不会听我们在说什么。"

她发现自己上当了，并不感到十分尴尬，一个劲儿地笑——黄语旗的情商总是令我赞叹。

我说："这不怪你，不是因为你笨所以演不好，而是演戏就是演戏，再好的演员演得再努力，也有可能会被别人看出来的，对吗？所以，能不演的时候就不要演，因为我看出来一次，下次我就不会轻易相信你了。即使下一次是真的了，我也不相信了，那你们是不是就吃亏了？"

　　我经常都说我自己就是撒谎的祖师爷。我想，那是因为我的成长环境实在是太紧张了，我犯一点儿错误就会挨打，可是孩子怎么可能不犯错误呢？所以为了不挨打，我会反复思考应对的预案，揣摩对方的情绪变化，甚至能够在对方发觉自己生气之前就发现对方可能要生气。在气氛不好的家庭里长大的孩子，察言观色的能力都非常强，而能够撒谎演戏的先决条件就是能够察言观色。因此黄语旗在察言观色和表演方面的天赋令我非常欣赏，同时也有点儿心疼。小朋友具体通过什么判断出成年人的情绪变化我也说不大清楚，但是你会发现他们确实是能够准确、快速地判断出来的。这也是我为什么并不避讳和她们探讨微表情、肢体语言与情绪变化的关系的原因。

　　叔本华说，人的性格特征，三分之一由智力，三分之二由意志力组成。所以其实肌肉的发展对性格的巨大影响，如果没有自身肌肉的力量，世上就不会形成力量或能量的概念。我认为这种论断是有根据的。

　　我们在意识层面发生的哪怕最微小的变化，也可能让这些肌肉的紧张度随之变化。比如观察说话的口音、音调的起伏、面部表情的微妙变化、笔迹的不同，以及其他有助于"读心"的一切行为细节，其实都在"读"肌肉。当然，反过来说，如果孩子们在这些方面过早成熟，那么问题也随之而来：他们那些更大型的肌肉及更基础的功能反而会发育得不那么健全——用进废退是客观规律。

　　如果你没有办法清楚地认识到这其中的关系，就没有办法清楚地认识他人和自己的情绪变化和性格特征。而我想，不管是在社交场合还是在应对危机时，这些都是实用的能力，所以尽管我非常痛恨撒谎，但是我并不去限制黄语晏、黄语旗在隐藏情绪、察言观色和肢体表演方面的发展——我常常有一种"悲观的积极措施"，就是培养小朋友生存下去的能力，假设他们将遇到什么灭顶之灾，也能安然度过的那种能力。

欲望：压抑还是放纵

有一天在车上，黄语旗又和我闹别扭了。其实是我太累了心情不好，而且她太沉迷玩手机了，所以我在她玩够了时间之后，没有一点儿通融地直接拿回了手机，然后就爆发了一场大战。

在家里，经常发生这样的事情：黄语旗在应该写作业的时候很想玩游戏，但我必须让她读完半小时书之后才能玩——规矩一旦被打破，连锁反应会很多。要求孩子必须达到一个要求才能够做一件什么事情是非常重要的训练，这通常能够锻炼孩子把欲望暂时放在一边，学会延迟满足，这能让他们在人生路上避免很多失望崩溃的时刻——黄语旗显然不是一个延迟满足的人，她经常因为这种求而不得的失望和焦虑而大哭大叫。

如果不是同时接触黄语晏和黄语旗我都不会知道，人对欲望或冲动的管理水平可以有如此大的差异。黄语晏可以通过一种非常高水平的调节方式来避免焦虑和失望。比如她会整合欲望寻求满足，思考自己的愿望和他人的兴趣之间的差别，以此来调整自己，不会情绪化地做出反应——这显然是我们希望培养出的孩子，而不是那种"熊"孩子。

有时候，黄语晏确实表现出了对于欲望的过度压抑。黄先生对中国传统文化的盲目崇拜总是要求黄语晏"要礼貌，要节制，要谦让"——这些都是在意识层面很难承受的要求。过度的自我控制使情感的灵活性受到了很大限制，所以有时孩子反而会出现冲动性爆发，比如沉迷游戏、过度饮酒，最常见的反应是在过度调节与放纵之间摆荡——所以，黄语晏会有故意情绪崩溃，故意破坏规矩的时候。

很大程度上，欲望管理水平会受幼时的亲子关系影响。孩子表达焦虑并及时得到回应，此后对这种生理紧张就会没那么恐惧，这些人大多对于欲望的管理水平较高，既能表达欲望，又能延迟满足。但如果母亲那种温柔的回应迟迟未出现，甚至母亲自己就手足无措，婴儿的痛苦难以被有效缓解，那么他就会持续处于焦虑状态。好的情况是，进行自我调节，"既然我得不到，那么放弃总行了吧"——抑郁的婴儿不得不学会放弃对温柔回应的渴望，对欲望进行了过度压抑。这样的人往往渴求完全的独立，永不求人，个性刚直，追求完美。不好的情况，大概就是那种报复性地寻求满足，丝毫不能延迟的纵欲和自私者。

黄语晏就是这种，知道肯定得不到了，就骗自己说反正自己也不喜欢的过度压抑型的孩子，她的过早独立也确实是一个征兆。

黄语晏很喜欢一个男生，可是她总觉得自己是一个只懂读书不懂打扮的女孩，男孩子不会喜欢自己。班上有一个女孩子叫Lana——必须承认她很漂亮，所以黄语晏总觉得男孩子都会喜欢Lana而不是自己。黄语晏就总是说：我不喜欢男孩子，尤其不喜欢那个谁谁，然后就列举一堆男孩子的罪状——我觉得这是一种不好的自我暗示，慢慢地就真的变得没有人喜欢她，她也不喜欢任何人了，与其这样，还不如在感情里受受伤呢。

好在这个时候有一个叫Jason的男孩子出现了——Lana喜欢Jason，可是Jason只喜欢和黄语晏玩儿——因为喜欢黄语晏性格安静又聪明会读书。并且因为Lana常常欺负黄语晏，所以Jason出于一种天然的正义感，对Lana就更加不理不睬，有的时候还会帮黄语晏"报复"她——孩子们原本都是天使。渐渐地，黄语晏终于愿意承认，她还是很喜欢和男孩子一起玩儿的，毕竟只和女孩子一起玩儿有点儿无聊，而她的很多爱好是和男孩子比较有共同语言的。

黄语旗则是一个绝对不会压抑欲望的孩子，但好在她是一个注意力不能维持很久的小孩，心胸也比较宽广。因为她的健忘，通常这种矛盾在回家之前就能够解决，但是那天她的心情看来也不是很好，回到家以后还是没完没了。当然，她在放纵欲望方面的这种摇摆不定和黄语晏不同，她不是因为过度压抑了欲望，而是有时我们能回应她的表达，有时却又疏忽了所致——不只是我，黄先生，Sara，学校的老师，每个人都会有这种问题——所以我们不能只是指责孩子不够理智和懂事。

战争一直持续。通常回到家里，我带着黄语晏读《红楼梦》，这个时候黄语旗都会坐在我腿上跟着听。但今天这种情况，她自尊心上过不去了，明明很想过来，但是别扭地拿着自己的东西到外间书房去做功课了，跟菲佣说是因为我和黄语晏读书很吵。

菲佣太清楚她无理搅三分这一套了，当然也没理她，就去做饭了。我也知道这种时候，我是没法叫她回来了：她正跟我赌气，正想办法和我对着来呢，我要是不搭理她，兴许她还能待在外间听一听，我要是硬叫她回来搞不好她就上楼去了。

其实，她在外间待着而没有直接上楼，这明明就是想要回来的信号，否则她完全可以去楼上或者楼下，都有桌子也都很安静；而我又不能先开口，开口反而会把她激走，她会为了表示不屑于和我讲和而真的跑去楼上或者楼下。如果当时菲佣呵斥她一顿，强迫她回到里间书房里来，岂不是我和黄语旗都有台阶可下。但机会是转瞬即逝的——这就是家庭里成年人之间的配合。

情绪失控

终于要说到黄语晏的情绪问题了。其实，黄语晏的情绪失控问题一定程度上是我造成的。她本身是一个敏锐而缺乏安全感的孩子，最初，她歇斯底里的频率也并不高，多数时候是在和妹妹发生矛盾的时候才会出现。平常的时候，她都是非常冷静的，也能够听懂我的那些潜台词，后来我发现，实际上她也具备从大战中马上冷静下来的能力，弄明白我们谈话的本质然后清晰地回答——这是非常难得的，所以我认为她的情绪问题是可以调整过来的。

我的问题在于，我总是利用黄语晏情绪激动的时候来教训黄语旗——正如面试时黄先生和Sara警告过我的那样，这真的是一个没办法克服的难题：黄语旗长得太可爱，也太懂得怎样装无辜来让别人服从她——即使明白这一点，我也总是不忍心对她下狠手。但我不管教她又不行，所以我就总是借着黄语旗激怒黄语晏的时候出手惩罚黄语旗，让她没有立场能够对我撒娇耍赖。结果一次两次以后，像黄语晏这么聪明的孩子，很快就把我收拾黄语旗的时机和她情绪崩溃这两件事联系在一起了，所以以后她每次和黄语旗吵架处于下风的时候，就会故意想办法让自己情绪激动起来，让我出手收拾黄语旗。

实际上黄语旗比黄语晏更会演戏，尤其是"哭戏"，这就更让人头疼了。但是黄语旗的格局大在哪里呢，就是首先她不太会因为别人说她什么不好的话而生气或者情绪崩溃——基本上是一种"没皮没脸"的态度；其次她不会把哭闹作为一个主要的手段来达到目的——她想达到目的的话，能够使出多种多样的比这种性价比高的手段。

而我难办在哪里呢，就是我明知道黄语晏是在借题发挥，但也要顺着她演下去，好找机会去收拾黄语旗——有时候你真的不要觉得自己比小孩子聪明，他们不是永远什么都不懂，他们有审时度势和深度学习的能力，如果轻视的话会吃大亏的。

后来我终于找到了办法。每次我收拾完黄语旗之后，等到黄语旗不在的时候，我会找黄语晏谈一谈，不需要什么开场白了，我就开门见山地说："其实刚才你做得比妹妹更不对。怎么能动不动就冲出房间呢，这是解决问题的态度吗？你不哭不闹，我也不会偏向妹妹的。你哭闹了，那你的错误就和妹妹一样大了。但我还是罚妹妹更多，你知道这是为什么吗？"

黄语晏不说话，气氛都凝固了。我说："因为你是姐姐，如果处罚你更多一点，或者平等地处罚你们两个，你会丢脸——妹妹小，而且妹妹不害怕丢脸。如果我这样罚了你，以后妹妹就不会再听你的话了，她会以为姐姐也没什么了不起嘛，可以随便欺负姐姐了，对不对？"

黄语晏想了想：说"对。"黄语晏是那种只要能确定你的立场是公平的，就不会再挑战你的智商，会服输，也能认真地跟你交流的孩子。

我说，"那你想一想，明明两个人的错误一样大，妹妹永远要受到更多的处罚，妹妹不可怜吗？"

她有点儿想笑，说："有一点儿可怜。"

我说："那你下一次和妹妹吵架的时候，就不妨想一想，妹妹其实平时也受了很多委屈，只是妹妹傻乎乎的，自己没有发现自己受了委屈，也不太在乎。"

听到我说"妹妹傻乎乎的"，黄语晏乐得不行了，说："对。"

我说："那你以后能让着她一点吗？我不是说所有的事情你都要让着她，那不公平。我是说你生她的气的时候，本来是十分生气，改成七分，可不可以？因为妹妹本来要受七分的惩罚，但是因为你是姐姐，她没有尊重你，所以她要受十分的惩罚。如果你让她三分，就公平了。"

黄语晏想了想，觉得没有问题——毕竟自己只是希望不要总是受妹妹的欺负，希望自己能够引起大家同样的关注。而我已经"不经意"透露，觉得她妹妹不如她聪明，我还暗地里偏向她而不是妹妹，加上平时黄语晏还是很爱妹妹的，愿意多照顾妹妹一些。

实际上黄语晏不知道，黄语旗才不觉得自己受了委屈呢！早点儿挨完我的骂，就可以早点下楼去吃点心——她想得开着呢。

我记得有本书上说，遇到两难的局面时，青少年都会显得很愉快，因为这些事情似乎能够给他们带来解脱感，让他们不用再恪守"必须严格保持诚实"的规则了——这大概可以解释黄语晏和黄语旗都很热衷于渲染和表演。

前几天看了一部法国电影叫《我的小公主》，主题比较边缘化，但是小女主的年纪正好和黄语晏相仿。小公主很迷恋她的妈妈，所以她妈妈提的任何要求她都愿意去完成。而当她的妈妈失控时，她开始试图脱离这种病态生活的时候，那种对世界的判断和对母亲的感情上的裂隙让她难以面对——每次在决裂之后，深夜，母亲坐在她床边轻声把她唤醒，她就误以为母亲悔改了，刚要卸下防备母亲就故态复萌。小公主就在这种反复无常里情绪崩溃，一时温柔如水，一时歇斯底里，大喊大叫甚至以死威胁都是常态。

很多评价集中在母亲的病态上，但是忽略了这个小公主是一个11岁女孩，她本身就处在一个容易偏离的阶段。她的母亲所做的，就是在强化她表演和歇斯底里的一面——不仅在艺术创作上，在生活中也一样，她是以此为美的，那个时代的艺术是以此为美的。

而最后，小公主进入领养机构，和那些问题少女在一起的时候反而表现得很正常、很开心，一方面是离开了母亲这个诱因，另一方面是因为那里的孩子比她更加会表演，她失去了表演的土壤，所以反而能够冷静下来。黄语晏也是一样，黄语旗是诱因，而我是土壤，既然我们暂时不会让诱因离开她的生命，那么改变一下土壤也是能够起到作用的。如果我们更多地去读懂11岁的女孩的话，那我们就不难看懂这部电影了。

和菲佣的战争

其实吃饭这个事情不归我管，但是我总是不忍心看她们两个挨揍。有时候菲佣也是仗着自己年龄大、经验多，故意整治她们两个——不是说我就没有故意整治过她们，但更多的时候我还是心软的，至少不在不必要的地方让她们两个挨揍。

比如说晚餐就是一场战争。小朋友是非常容易饿的呀，蔡振华执教国家乒乓球队的时候，按规定惩罚完夜里偷吃的队员，回到房间就哭，说："他们还是孩子啊，饿了能不吃么。"

我认为在餐前加一两次点心时间其实根本不会影响胃口的，只是时间要把握一下。你想，点心的时间如果很晚，而且吃完就做功课，血液都在脑子里，消化不了食物，晚餐的时候必然吃不下，这就会挨揍。所以我都会刻意提前点心时间。这要怎么提前呢？窍门就是糖果。如果今天有可以吃糖果的理由，我会在一下课的时候就拿出来。刚刚放学，小朋友的心理需要慰藉，血糖也是偏低的，这时候拿到糖，没有不吃的道理；等到点心时间就没有那么大胃口了，所以她们反而会利用这段点心时间打闹一会儿而不是专注于吃点心；等到做功

课的时候，想起要吃点心了——抱歉，没有机会了，书房里不可以有食物。这样一来，等做完功课就又饥肠辘辘了，吃晚餐刚好。

这些社会精英的晚餐是很可怜的。Sara要求晚餐要有足够的肉和蛋，但是要低盐低糖低油，基本上就是煮熟而已——完全浪费了菲佣的烹饪才华。而肉类没有了这些调味料的话，高纯度的蛋白质的味道还是蛮恶心的，还不如配菜好吃呢——结果两个孩子倒是养成了爱吃蔬菜的好习惯。

菲佣很辛苦，所以她们有时候会偷懒，比如在黄先生和Sara不在家的时候煮一些咖喱或者意大利面之类的东西。这些东西就像毒品一样深深吸引着黄语晏、黄语旗。其实Sara不在的时候，黄先生自己也会偷偷吃咖喱——大概真的只有东欧人才能忍受这么严苛的食谱吧。

有的时候，菲佣还会给她们两个超量的食物让她们不要闹或者不要打扰自己——所以我也背过一个锅，有一次黄语旗得了肠胃炎，实际上很有可能是菲佣的错，只是我不点破而已。并且因为我自愿背了锅，所以菲佣也因此给我一些特权，有时我说希望黄语晏、黄语旗多玩儿一会儿再上楼洗澡，或者让她们两个人一起洗澡的时候，菲佣也会同意。

不让她们两个一起洗澡，是为了防止她们两个打闹——万一打闹滑倒摔伤了菲佣负不起这个责任，而且这样会占用菲佣仅有的休息时间。考虑到我毕了业就会离开这个家，但是菲佣可能要在她们家里干很多年，所以我一直没有告发她们，我只是帮助黄语晏、黄语旗尽快成长起来，不要只会和菲佣硬碰硬，要有技巧，要知道什么时候需要保护自己，怎样去保护自己。

这一天，黄语旗又闹得有点儿过分了，早就到了洗澡的时间但她的功课还没有做完。菲佣下楼来催了几次，黄语旗还闹着不肯走，于是菲佣不管她还有什么事情要做，拖着她就往楼上走。

黄语旗被拖在地上走也是常事，因为她太喜欢耍赖，动不动就往地上躺，我们都习惯了。但今天菲佣有些急躁了，动作幅度比往常大，黄语旗是一个趔趄摔倒在地上了。

菲佣当时愣了一下，我也愣了，黄语旗自己还没有反应过来，黄语晏立即爆炸了！她从自己的桌子旁边冲到妹妹这边，一边哭闹一边打开菲佣拽着妹妹的手，把妹妹往房间里侧拉。

黄语旗这时也反应过来了，受到惊吓加上专爱火上浇油的性格，也开始大声哭喊。菲佣习惯了强硬地吓唬她们，这次还想用同样的手段强硬地带黄语旗去洗澡。但是她们没有发现，这次情况明显不同了：平时姐妹俩总是闹别扭，黄语晏恨不得黄语旗被菲佣教训一顿出一出气，而黄语旗没有人撑腰的时候也是很怂的，所以菲佣往往能成功。

而今天，黄语旗摆明了心里有气，就想让菲佣吃一次亏，而黄语晏也是被触碰到了底线——菲佣在挑战孩子们在这个家里的地位——《红楼梦》里，贾迎春不是嫡女，所以对自己在家里的地位一直不大自信，别的都可以忍，唯独不允许别人挑战自己的地位。贾迎春是庶出，而两个孩子是领养，两者心理状况非常相似，都容易引起对自己家庭地位的不自信——我后来一直试图回忆，究竟是不是在我给黄语晏读过《红楼梦》之后爆发的这场战争。

菲佣几次尝试拉扯黄语旗都失败了，明显骑虎难下了：今天要是不能顺利带走黄语旗，以后搞不好黄语旗三天两头就会用这种方法反抗一把，那菲佣的工作就没法干了。而黄语晏也想起了Sara说的：妈妈不在的时候，Miran就代表妈妈，于是两个菲佣和两个小朋友同时把求助的目光投向了我。

我只是一个打工的，本来不想卷进这么大的冲突里，但命运让我不得不做出选择了。我强迫自己冷静下来，我先对菲佣说："五分钟之后再洗澡好吗？"菲佣愣了一下，很快明白她们只能同意，于是上楼去了。

其实多争取这五分钟，对她们两个来说并没有什么实质上的价值，对菲佣来说也并没有什么损失，但对我来说很重要。我严肃地问了几个问题，第一，菲佣经常这样做吗，爸爸妈妈知道吗？黄语旗还是像个小白痴一样，黄语晏马上明白我在担心什么，她马上冷静下来，说"有时妹妹太慢了，她们就会很用力地拉她去洗澡，洗澡的时候也会很用力，我担心她会受伤。不过妹妹没有受

伤，她们也没有打我们。如果有我会告诉妈妈。"

　　谢天谢地没有出现我所担心的情况——我只是一个月拿几千块港币的家庭教师，如果真的卷进什么外籍工人长期虐待儿童的事件，我真不知道我能做到哪一步，我都不确定上庭的时候我是不是还在香港。我唯一知道的是，小朋友并不像我们这么熟悉这个世界的规则，他们的弱势情形将持续多年，这期间发生的事情会影响他们的一生，一些人会形成人格缺陷，从受他人虐待转而虐待他人。因此，即使再艰难，也要保护他们，就是这个想法支撑着我管了许多闲事。

　　我松了一口气，开始处理她们两个的拖延症，说："规矩就是规矩。如果你们觉得时间太少，要跟妈妈说，妈妈会让她们迟些来带你们洗澡，像今天这样是不对的。如果她们对爸爸妈妈告状，我会帮你们解释，因为这次她们做得也不对。"黄语晏、黄语旗因为一直处于弱势而总是哭闹，一旦把她们放在平等的位置上对待，她们是挺明白事理的。五分钟以后，菲佣下楼来带黄语旗上楼洗澡，黄语旗没等她开口，就平静地自己上楼去了，有点儿视死如归的感觉，也有点儿小骨气。

　　Sara和黄先生后来还是问了我这次"大战"的情况，我想菲佣大概也不是有意告状，但发生了这么大的冲突，主动汇报总是好的。但我也信守承诺，在关键的时刻，跟黄先生保证黄语旗当时是吓到了，并不是故意找麻烦，并且后来在姐姐的劝说下配合地上楼洗澡。黄先生对此还比较满意，因此黄语旗免了一顿打。

　　其实从称呼上也可以看出，我们对菲佣的感情是比较微妙的。比如说司机AL，有点儿大男子主义，但是我们说到他的时候会称呼他的名字，但是两个菲佣，我们都不太爱叫名字，两个孩子开始叫她们"佣人"，Sara不允许，于是她们改叫"工人"，实际上这是很没有礼貌的，也表达了我们潜意识里的一些感受。

厌世？暂时的

黄语晏和黄语旗在不同时期都曾表现出厌世情绪。

我上小学的时候，有一次家长会，班主任请一位家长向大家介绍自己是如何应对女儿的自杀行为的——这在当时的我看来是非常不可思议的，但是要承认，青少年是很容易出现厌世情绪的。我很赞成一种观点：青春期的厌世情绪和经历了很多苦难的厌世情绪是不同的，青少年有想死的念头并非表示他们一无所求，反而是对世界充满渴望。

在我看来，这种渴望主要是对自由和未来的渴望——而我们很多时候在禁锢青少年，这是使他们厌烦甚至是厌世的重要原因。当然，其他原因还有来自同伴的敌意或者从未经受过的挫折。

黄语旗对学校的评价一直很低，我想这与她所处的年纪有关。而黄语晏一直是一种无所谓、可以忍受的态度，这一方面体现出她在变得成熟，另一方面也体现出她在压抑自我感受方面已经得到了多年的锻炼。

"school"这个词，其实原义是"休闲"——去了学校就意味着不用在外面辛苦工作，无异于伊甸园一样的存在。有些人极力主张对青少年进行精英式教育，使那些出类拔萃的年轻人不用为生计奔波劳碌，可以自由地按照自己的理想和爱好去发展，最终成为整个人类种族的指南针、风向标，为全人类指明前进的方向。

然而随着时代变迁，越来越多的人参与到成为精英的竞争中去，结果使得精英教育已经名存实亡，"school"这个词也已经离休闲越来越远，离痛苦倒是越来越近了。

由于成长，孩子们和家庭的纽带会渐渐断裂，青少年开始将目光投向更广阔的社会，此时他们发现自己身上隐藏的每一种特质都能够在社会上找到志同道合的人，而不像在家里，自己总是需要小心地隐藏，这让他们欣喜若狂。与

志趣相投的人为伴，会使得这些志趣更强烈，他们的自我意识也会因此变得更加清晰，跟家庭的纽带就会进一步断裂，不再愿意受到任何形式的束缚。就像山本耀司说的：我们本不知道自我是什么，要撞上一些什么东西，被弹回来，才知道自我这个东西。这种寻找和碰撞体现在青少年的生活中，就是他们开始更加愿意和同龄人或者其他的人群交往、交流，而会离开家人、父母。很多人把这看作是一种不正常的家庭现象，认为是代际关系出了问题，实际上这是青少年正常的发展超出我们的想象，所以我们总是难以接受。

在寻找自我的时候，孩子们势必会遇到一些失望和困难——我们常常会发现世界运转的方式和我们想象和预期的并不相同，好像所有的努力全都白费了。这个时候，我们必须给予他们一些偷懒的自由，在一些重要方面保留自我的原则，允许他们宣泄那些他们觉得毫无用处的事物的不满，这绝对不算什么特别忤逆的事情。

因此，在黄语旗、黄语晏表达不满或者轻度牢骚的时候，我通常不会急于纠正，反而是稍微向她们倾斜，有一点儿"同流合污"的感觉。

一方面，我需要想办法融入她们，我不能等到我需要她们信任我的时候才去获取，这些东西是需要提前就掌握的。作为孩子，她们很清楚，在老师的立场上我是不应该赞同她们的，而我如果能够在无伤大雅的地方稍稍表示出一些理解和纵容，那么我将会获得极大的信任和依赖。

我又要说到我到底想要成为一个什么样的老师。那就是让孩子们睁大双眼，张开耳朵，尽可能地多看多听。对于成长中的孩子来说，来自外界的权威的解释比他们自己的推理更重要。如果我们不提供任何解释，孩子们也能够自行快速理解和吸收很多东西，但是这将减慢他们直觉的反应速度，有可能导致他们理解得似是而非，却还自以为是，最终还会削弱他们的推理能力。他们会遇到很多问题，掌握的方法和手段却非常少，此时此刻，他们需要的最好老师就是一个"鞭策者"、一个榜样，他们会乐此不疲地模仿这个老师的一言一行；如果是其不喜欢的老师，他们则会显得冷漠和抗拒。

比如说我在讲述我和我爸爸的斗争方法的时候，我会发现黄语旗会很快带入到她自己同黄先生的斗争中去；而黄语晏则更加迂回，她会开始模仿《红楼梦》中人物对事物的反应，因为《红楼梦》是我强调过很多次的一部非常好的书。

另一方面，对青少年来说，目前的厌世是暂时的，而如果堵住了他们所有的宣泄渠道，后果可能就是真的厌世了。孩子的发泄方式本来就很少，他们的不满也并不严重，只要稍微放宽一点道路，就能够帮助他们顺利渡过难关——事情有时候是很简单的，少费一些力气反而双方都会好过很多，这也是一种处世哲学吧。

在一些情形下，使孩子们沿着"冒险活动"而不是有害社会的"危险活动"的方向前进，是一种曲线救国的方式，比如教他们一些不好的技能但是限制他们使用这些技能的范围，反而可能会有利于成长。在普通的家庭里，如果设法获取孩子们的信任，带领他们向一个大致正确或者无害的方向前进，就够了。

孩子们对待无害的事情表现出一些负面情绪并不是什么不可容忍的事情，而对待那些真正丑恶的现象却还要控制情绪是没有意义的。过分控制自己的脾气，则会让人的性格变得很不稳定。当面对那些欺凌弱小、徇私舞弊、不公正对待弱者的行为，还有那些犯下不可容忍的错误，法律却对之无能为力的人时，依然保持忍耐与克制就不再是一种美德了，对这种行为应该毫不姑息立刻纠正，这有利于维护人类的道德水准与社会安宁。如果在这种事情上过度压抑自己，一个原本对非正义行为充满愤怒的人可能会变成一个尖酸刻薄、充满愠怒的人，原本美好的秉性也被破坏了——我们身边有太多这样的人，原本温文尔雅，一旦遇到一点点不公平，就立即变得不可理喻，毫无逻辑地进行嘲讽。

因此，黄语晏的过分敏感和偶尔低落，黄语旗的贪得无厌和不思进取，在我看来都在安全范围之内，她们两个都没有刻意去压抑自己的情绪，对公平也还保持着相当的敏感度，这就很好了。

爸 爸

黄语晏、黄语旗的爸爸虽然是大律师，但是只要遇到孩子的问题，也会做很多"出人意料"，让人大跌眼镜的事情，比如他会把分数低的成绩单贴在车窗上，还会动手打孩子。

两个孩子挨了打，会心情低落好多天，黄语晏还会开始说一些负面的话——这是一个好的发泄方式。黄语旗不会，她只会默默地坐在角落里说，觉得爸爸以前很好，带她们去迪士尼，可是现在他不爱她们了。

这是继生理卫生教育、家庭关系教育之后，我遇到的又一个大难题：应对家庭暴力的教育要来了。

我想这个时候我不可能站在家长的角度说打你是为了你好，或者打你是因为你做错了，这是不符合客观现实的，对孩子们来说，也就真的没有同盟了，但我也不可能一味地说打人是不对的，那样又是对家长权威的打击。而且此时我还并不清楚，黄先生这种体罚，究竟是冷静的惩罚，还是真的有家庭暴力的倾向。所以在那之后的两周内，我都暗中观察她们两个身上是否有伤，还有她们的情绪是否异常——有很多施暴者在施暴之后会威胁受害者闭嘴，所以家庭暴力的频率远比我们揭露出来的高——其实我也不知道如果我真的收集齐了证据，我就能够帮助两个孩子打一场状告两位身为大律师的监护人的诉讼官司。

当然，观察的结果是我想多了，黄先生并没有家庭暴力的倾向——感谢上帝，我也只是个学生而已。所以，接下来我要做的事情就简单了，做好思想工作就行了。

我边忙我的事情，边耐心等待下一次她们提起这个话题的时机，说我想说的话——博取信任的最好方法，就是不要急着灌输，而是等别人请教你的时候你再说"我认为"，只有那时候对方才会认真听。

有一天机会来了，她们两个写着作业，又说到爸爸打语晏最严重的一次，把她扔到沙发上，她觉得天旋地转。我说如果下次爸爸再这样，你就告诉我，我去找他谈谈。她们两个说："不可以，爸爸说家里不好的事情不应该对别人讲。"——"家丑不可外扬"是吧——我说："爸爸说得对，但是既然你已经讲了，那我也讲一个我爸爸的事情还给你，这样我们就公平了。"她们两个一下子都很感兴趣——人都是喜欢打听隐私的。

我说："我爸爸打我最厉害的一次是在我的学校里，他用皮带抽我——这不是很疼的，但是很丢脸，因为我的同学会看到。"她们两个一致认为我的爸爸比她们的爸爸更可怕。但是我的重点就来了——我说："我当时很生气，我决定以后再也不跟他说话了，但是我从来都没有怀疑过他是不是不爱我了。"

语旗说："可是他们爱我们为什么还能那么重地打我们，我爱我的狗我就不舍得打它。"我说："可是你爱你的姐姐吗？"她马上很认真地说"爱！"我说"那你们两个打架的时候，你是怎么打她的？"她们两个都尴尬地笑了。我说："爸爸很爱你们，你不知道因为有了你们家里需要花很多钱，比如没有你们的时候，他们就不需要雇两个菲佣、两个司机，也不需要请家庭教师，他们不用买小朋友的东西，不用买玩具和书，那他们就不用工作那么长的时间来赚那么多的钱，他们就可以多点时间玩和睡觉，心情也就不会不好，也就不会随便打人了。因为有了你们，即使他们觉得辛苦，觉得压力大，但他们觉得可以坚持，就比如说把你的功课多加十倍给他们，他们也愿意去做。"

"他们觉得生气，不是因为你做错事情，而是因为你明明是可以做对的，你故意做不好，让你看起来没有你实际上那么聪明，所以他们才会生气，他们希望别人看到的你们和你们实际上一样聪明可爱。"

"下次，爸爸又打你了，你很生气的时候，你就想想那个带你去迪士尼、给你买玩具的爸爸，他生气的时候是很蠢的，所以你不要理他，等他没有那么蠢了，你再跟他说，爸爸我以后不这样做了，但你不应该打我，你应该向我道歉。"

父亲疼女儿仿佛是一个公认的事实，但是这也有风险，那就是很有可能会想要过度控制女儿。我们总是很不愿意承认，爱和束缚是相连的，所以有那么多的青春文学最终都是在告诉你，要想真正成长，第一件事就是与家庭决裂——多么痛的领悟。实际上从原始社会开始，主动或被动离开原生家庭才是真正的成人礼。

黄先生很明白这一点，至少在他还理智的时候他表示能够接受女儿们的最终离开——当孩子们真的出嫁成家的时候是什么光景，那就不好说了。而两个孩子也因为偶尔的挨打警惕着爸爸的控制欲和暴躁——当然不影响她们相信他爱她们，这倒成了一种比较健康的关系，不会把所有的难题都积压到成长的时刻。父母和子女的关系是非常有趣的，不是一味地深爱就够了，有时是依靠，有时却是枷锁，只不过这个枷锁被冠以亲情之名，如何平衡自己的爱，这才是为人父母最大的考验，所谓教育，其实是自然发生的，成年人哪有那么大的本事和贡献啊。

记　忆

当然，我也曾怀疑黄语晏和黄语旗对黄先生的一些记忆是否准确。有时候孩子们并不是要撒谎，而是她们的记忆被自己篡改了，与事实并不那么相符。

又当然，世界上没有一个能够完全还原出事实的人物和年纪，我们对事实的判断总是有所偏差的——只是偏差的程度和成因不同——所以我们在对待青少年时，既要认真对待那些细节，又要小心处理那些可能存在的疑点。因为青少年的敏感和困惑，有时他们会根据自己的感受改变记忆。有时候错误的记忆会被插入我们的记忆结构中，让我们误以为这是真实的经历。有人梦见一个人死了，后来就一直认为这是真的，直到有一天他在街上碰到这位朋友；有人晚上梦到一场火灾，第二天早上还向人询问细节；有人梦见给朋友发了一条信息，第二天一整天都在等待朋友回复。这类事情不胜枚举。

人类记忆力的增加不一定伴随着智力的进步，并且女孩的记忆力通常比男孩强。换言之，就是黄先生与两个孩子在某件事情的记忆上有分歧，很有可能是黄先生偏离事实的更多一些。

那么，关于黄先生的记忆，究竟是孩子们记得的不愉快的事情更多，还是本来发生的不愉快的事情就要多于愉快的事情呢。或者这么说吧，愉快的经历和不愉快的经历，哪一个给人留下的记忆最深刻呢？

我想应该是愉快的记忆吧，因为我们会刻意记住那些美好的事情并忘记痛苦的事情，甚至使用记忆技巧来达到目的，这是人类的生存技能之一。孩子们勾勾手指以提醒彼此不要忘记约定；通过在手帕上打结、把鞋子放在梳妆台上这些不寻常的动作提示自己关注特定事件；把人的名字和动作、物品联系起来，给数字、字母涂上颜色等。但我始终相信，没有人能够完全还原出现实——你有你的事实，我有我的事实，还有一个真正的事实。我们都没有撒谎，只不过我们的事实都是基于我们自己的感受形成的，所以不必完全依赖回忆或者对质出一个结果，感受是用来记忆事件的，而不是由记忆中的事件来判断对他人的感受。

从哪里来？不重要

有一天，我在看黄语晏的作业，她冷不丁从我包里拿出一片卫生巾问我："Miran，这是什么？"我当时头皮都炸了，心想这一天果然还是来了。从此以后，我将不仅仅是一个中文老师了，以后大概也要补习生理卫生相关知识了，我也不确定Sara是否希望我来越俎代庖。

一开始我是不打算讲解生理卫生知识的，我也很有信心以我的语言能力糊弄这两个黄毛丫头绰绰有余。结果像"孩子怎么生出来的"这样的"天问"我就掉以轻心了，我说"到了年纪就会生了"。她们两个都停下手里的事情，冷静地看着我，说："妈妈说必须要男孩和女孩子相爱，然后一起生活一年以后才会生小孩。"我这才知道，Sara果然已经开始科普了，而我，刚刚做了一个非

常错误的决定，那就是撒谎，并且是毫无准备的撒谎——任何情况下撒谎被抓包，都没有什么权威可言了，希拉里竞选失败就是一个很好的例子。

我想我不能从此被两个小孩儿拿住啊，我得振作。我放下了手里的事情，迅速调整语言："我的妈妈以前告诉我，我是从垃圾桶里捡来的，我朋友的妈妈说她是从立交桥下面捡的，还是你们的妈妈比较诚实。"她们便非常得意自己有一个这么酷的妈妈并且迅速偏离了原来的疑问点。

但是两个孩子依旧对"人从哪里来"的问题穷追猛打，追问我孩子会从哪里被生出来。

我也慢慢试探。我说："每个人都不一样的，比如说有的小朋友很容易生出来，就会从妈妈小便的地方生出来，可是有些小朋友不那么容易生出来，就必须把妈妈的肚子切开，把孩子拿出来，再把妈妈的伤口缝上。"

果然，注意力被转移到切开肚子那个部分了，在她们看来这跟她们爱问的那些古代酷刑差不多了。黄语晏又追问了好多诸如会不会痛、痛怎么办之类的问题，显得很担心。我说："生孩子是很痛的，但是不用担心，因为你想，那么多的妈妈都是这样生下小孩儿的，可是她们都很好啊。而且妈妈太想要自己的孩子了所以她们就什么都不怕，不信你们问问你们的妈妈，是不是觉得不怕痛。"

我不知道我在交流中总是有意识地凸显父母的英明神武是一种什么心态，但我觉得，我只教她们一年或者两年，我给自己树立起多么好的形象也只在这一两年之内有用，而如果我帮她们的父母树立了权威正面的形象，那就是一劳永逸了——Sara和黄先生显然也是这么考虑的，他们也会有意无意地树立我的权威，比如在她们两个不听话的时候，Sara会说，"我不在的时候Miranda就代表我，她可以做任何决定"；黄先生会说"有任何事情就问Miranda，我告诉她如果你们不听话她可以打你们，但我希望你们不要挨打。"——这样一来，她们两个完全搞不清楚到底谁才是大boss，只好积极配合每个人——人有一种欺软怕硬的动物本能，这不算什么劣根性，只是很容易滋生一些坏习惯，所以我们不让孩子有"人分三六九等"的意识是很有益处的。

黄语旗冷不丁地说："我们不能去问我们的妈妈，因为她没有生我们。"她说这话的时候低着头，我不能判断她是又开始装可怜了还是真的有点儿小忧伤了。我疑惑地看向黄语晏。黄语晏是不大会开这样的玩笑，她对家人之间的关系很在意，我来以前，她遇到这些人际关系问题都会上网去查——虽然不是得不到结果，就是得到的结果她看不懂。她用一种凝重的表情证实了我的猜测：她们两个是领养来的——我也是愚蠢了，我早该想到一个欧洲母亲无论如何也不可能生下两个标准亚洲面孔的孩子。

我一边表示惊讶，一边快速地想办法。我说："真好，那说明你们的爸爸妈妈非常喜欢你们。"这招果然奏效了，她们两个都期待地抬起头看着我，等着我的解释。我说："比如你的玩具吧，有些玩具可能不是你亲手做的，但是你在整个商场里只能买一个玩具的话，你是不是一定会去买最好的那一个？"她们俩肯定地点了点头。

"而且，你们两个差了好几岁，说明你们的爸爸妈妈挑选了好多年才找到你们，不是随随便便找的不是吗？一个你选了很久的玩具你是不是会更加喜欢？你想想，上帝做出了这么多的小孩子，他们只选了你们两个，不多不少，是因为他们觉得只有这两个是最好的，比自己生出来的还要好，所以不需要自己生了。"

结果她们两个竟然有点儿小得意了，也因为自己有可能是天底下最好的小朋友而感到有些难以置信，不过我想，短时间内她们两个应该都会比较有自信了吧。

在内地，我也看到很多领养来的孩子，我觉得不管领养的家庭对孩子不好还是太好，对孩子来说都是有害的，因为孩子会没有归属感。有时刻意隐瞒这件事的话，看起来倒是一个简单的办法，但是一旦孩子知道了真相，又会有被欺骗的感觉，而且世界上没有什么比欺骗感情更让人难以接受的。所以，我很赞同Sara的做法，她显然从孩子第一次问自己的来历的时候就告诉她们，她们

不是她亲生的，但她保证她会爱她们。而我所做的就是以陌生人的视角印证领养父母是对领养来的孩子百分之一百喜爱的，在感情方面她们完全可以自信。

偏见与歧视

黄语晏很喜欢《白蛇传》，我想这可能跟黄先生曾带她们去看白蛇传的舞台剧有关，并且黄先生还请黄语晏帮他翻译了故事梗概，所以黄语晏对情节的了解是非常深刻的。并且不出我所料，相比白蛇，黄语晏更喜欢青蛇。我在初读李碧华的《青蛇》时是有些反感青蛇的，感觉李碧华是有意对抗传统来写，比如故意不以白蛇为主角，比如轻视和恶意解读人蛇爱情，甚至伦理道德。但很有意思，黄语晏显然没有读过类似的作品但是却产生了与李碧华类似的观点，所以我想这就是我们之间的代沟，或者意识形态差异。

我反思我自己，虽然对传统文化了解并不多，但是却像是已经被熏陶了很多年一样，对于自由、平等有不同认识。而像黄语晏这样的年纪，她们还未受到社会和政治的洗礼，因此也就对平等和自由的敏感较为原始。黄语晏明显讨厌那些逆来顺受打苦情牌的女性角色，她已经开始认为爱情是互相吸引而不是自我牺牲。

如果说黄语晏的平等思想已经很明显了，那么黄语旗在我看来简直是女权主义了——但是这种女权思想大概只会存在几年，等到她像黄语晏这个年龄的时候就会趋于平等看待——她这个年龄的女权思想及对男性的偏见，只是源于人类本能而已。

偏见与歧视是相关而完全不同的一组概念。偏见主要是一种主观态度，而歧视则是一种行为。大部分情况下，人的态度和行为具有一致性，但也并非必然，持有偏见态度的人不一定会表现出来。偏见可以发生在任何群体之间，强势的群体可以对弱势的群体抱有偏见，反之亦然。例如仇富，往往带有对富人也就是强势群体的偏见；而歧视则只针对弱势群体。

歧视的形成实际上是自我归类的过程。在这个过程中，人们将本族成员和他族成员区分开来，赋予了自己一个以族群为基础的社会身份，比如女人、年轻人，或中国人。由基本的归类分组而产生的歧视在社会中的例子比比皆是。相比于归为我族的陌生人，人们普遍对属于不同种族、国家、政治或社会族群的陌生人抱有更少的共情心。

马丁·路德·金遇刺身亡后，一位教师珍·艾略特做了一个"蓝眼睛"实验来阐述歧视的发生。她将班级里的孩子通过眼睛的颜色分为蓝色和褐色两组。在第一天，褐色眼睛的孩子被绑上一条褐色的领巾以作区别，蓝色眼睛的孩子们被告知他们更加聪明、干净、友好，是比褐色眼睛的孩子更棒的人，褐色眼睛的孩子则被不断地批评和嘲讽。

第二天，她将规则反转，蓝色眼睛的孩子被绑上蓝色的领巾，成为弱势组，而褐色眼睛的孩子则被归位强势组，享受比弱势组更好的待遇。

被归为弱势组的学生在测验和学习中表现都不理想，相反，被归为强势组的孩子表现优异、自信，并"团结"起来，区别看待弱势组的同学。"平时富有合作精神、友好而体贴的孩子在短短十五分钟里，变得令人讨厌、凶狠并且学会歧视。"——这就是一个微缩的社会。

在珍·艾略特做蓝眼睛和褐眼睛的实验十七年以后，纪录片《分裂的课堂》的导演对已经长大成人的学生们进行了回访。无一例外，他们认为这个实验在其生命中意义重大。正因为童年时期有了这个体验，长大后更容易接纳不同文化、不同宗教背景、不同种族和不同意见的人，看到更大的世界。

优越感是偏见和歧视的重要成因。通常，我们只知道在男性主导的社会中，会更多宣扬男性的成功和女性的软弱，那些自大的男性会欣然接受这种不客观的信息而对女性加以压迫，女性则会因为无力反抗和回击这样的不公正待遇而变得越来越弱势，这就是性别不平等的成因。但还有一种刻意抹去女性与男性差异的趋势，同样也是性别歧视。在这种表面的"平等对待"之下，实际上是要求女性向男性看齐，一样的工装短发，同工同酬，这是不符合性别特征

也不符合社会分工的。除非改变目前的这种趋势，否则我们将很快面对一群毫无女性特点的女性。

所以当我们谈论性别时，不是要刻意地求同也不是要刻意地存异，而是尊重内心的选择。

在经济高度发达的社会，对女性的歧视已经越来越少，越来越多的男性意识到女人的无知和无助不一定是最迷人的地方，女性可以在职场和学术领域获得认可。但偏见依然存在：受过教育的女性"掌握的很有可能是技术，而不是艺术，可能知道得很多，却什么也干不了"。

性别差异表现得最明显的时期，也就是黄语晏这个年龄——10岁出头。这段时期，男孩和女孩会经历一段暂时性的分道扬镳，互相看不惯或者互不理睬。如果一个男孩子在十几岁的时候就被由衷地认为是"一个完美的绅士"，那这个男孩就有问题了，这个绅士应该出现得再晚一些。正常来说，这段躁动至少需要持续数年时间，直到他们的心理和生理在经过一段剧烈的变化之后，心理素质和各项技能成熟，才会再度融进一个圈子里。

我们这一代女性正面临一种新的危险：自鸣得意但停滞不前。当学业或者职业刚刚与男性达到同一个起跑线时，就产生了一种抵达终点的感觉——这种对平等的追求，除了获得重新塑造自己形象的机会以外，其实什么也没有改变，相反地，还会给之后的女性带来消极影响，甚至是关上了刚要开启的大门：看，你们要平等，结果也不过如此嘛。

而比我们更年轻的女性，比如"黄语晏们"，她们则有一种真正意义上的平等意识。她们对自我的认识是深刻的，对自己在自己心目中的形象有着极高的要求，因此常感到自卑。但同时她们对自己在异性心目中的形象却没有那么关注，异性的神秘吸引力曾经给予她们力量，但她们更向往亲密而熟悉的友谊。那种只要异性在场就想让自己变得最好的冲动松弛了，两性之间是更加清醒和平等的关系。

而这一代的男性同样也在改变。他们没有那么强的优越感，同时又被教育要善待女性，这让他们很困惑。一方面，我们成年人总是说你要让着女孩子，女孩子很弱；另一方面，他们发现女孩子根本就不弱，但还是要让着女孩子，结果也陷入了自卑。

教育其实总是落后的。成年人有的是经历和经验，但新生代与生俱来的特点和优势是我们所不具备的，这大概也是代际冲突的来源之一吧。这提示我们在教导孩子时，我们也应该永远保持谦卑。

除了优越感，偏见现象的另一个根源是威胁感。通常在感受到具体或象征性的威胁的时候，人们会更容易产生敌对的行为，攘外，排他。香港曾经是一个殖民城市，现在也是一个移民城市，在这里，有来自世界各地的各个人种的人聚居，排他和偏见不可避免，但歧视很少发生。近几年，香港居民与内地游客的冲突比以往都要严重，这不是歧视，因为这种冲突没有连贯性。这是感到威胁而产生的排他反应，内地经济飞速发展，给香港带来了冲击，优越感也不复存在，所以产生矛盾。还是那句话，与其告诉孩子谁是强者谁是弱者，不如让孩子看到更大的世界，看到更强和更弱的人，不再简单进行自我归类，而是看到每个人的特点并接受它们。

第三章　习惯的形成

xi guan de xing cheng

抄　写

　　内地教育令人诟病的地方在于，我们让学生做大量重复的作业——这确实是有危害的，它会占用大量时间和精力，让孩子们没有足够的精神和胆量去开拓创新。试想，如果一个人养成了良好的行为习惯，但是他的知识水平和理解能力却不够，在面对各种抉择时不懂得如何去审时度势、权衡利弊，那么他就成不了一个做事深思熟虑的人，至多只能是一个按部就班的人。所谓的意志力应该是强大的，能够帮助我们抵御来自生活中的随机影响，所以如果不能随机应变，那么习惯就不能带来真正的帮助。

　　但反过来说，是否取消了这些重复劳动就能把学生们从没有创新精神和创造力的情形中解放出来，似乎也没有那么绝对。如果一个人的思想狭隘脆弱，没有经过足够的训练和练习却总是冒出一些很不切实际的想法，这也将会带来更大的风险。这种情形，只有强大的意志力才能与之抗衡，但是缺乏习惯养成，强大的意志力也是很难形成的。

　　王阳明的"知行合一论"一直被学校奉为圭臬。但似乎在一段时间里我们只强调"行"，现在却反过来更加强调"知"，总是难以取得真正的平衡和合一。有人说：在现代社会，那种属于个人的，甚至可能是全人类共有的无力感之所以广泛存在，就是因为有很多原本应该被完成的活动仅仅停留在记忆里，或者只存在于抽象的理论中。这种情况造成的社会现象就是，那些发号施令的人固然孱弱无力，但那些执行的人也不见得就强壮能干。"知"与"行"被割裂，这种知识与能力之间的脱节远远超出我们的想象。

　　所以，为了真正靠近"知行合一"的教育目标，即使在香港这样一个多元文化汇集的地方，学校里依然保留了那些重复抄写的作业和看似无用的课堂规矩。有时黄语旗会抱怨自己的功课没意思，全是抄抄抄，姐姐的功课有意思，可以画画，可以讨论，没有唯一的答案，也没有人能说她做的不对。我对黄语旗的处境表示了同情，但是我也很认真地回应了这其中的区别——我的功课比姐姐的还自由。

思想上的自由是由基础训练巩固而来的，如果黄语晏把大量精力放在查字典、改拼音上，那么她就不可能有精力去做问卷调查、小组讨论、形成意见。同样，如果我把精力放在形成那些非常初级的意见上，那么我也不可能有精力做出任何有独创性和建设性的论文。

比如黄语旗，她不知道该怎样查找资料，不知道该找什么样的资料，不知道该怎样使用这些资料，有多大可能能够产生重要的思想呢。黄语旗想了很多代替自己读写的办法，但是都被黄语晏否定了，而黄语晏反而因为在学习中积累了远超黄语旗的能力，对抄写的作业也变得异常积极。

动　力

有时候一些虚假浅薄的所谓动力，比如恐惧、奖励、考试、人为的即时性奖赏及惩罚，还不如没有动力。这些虚假的动力有一个共同点，就是不够持久，有时甚至撑不到完成一次作业。给黄语旗的糖果，一开始一周两次就够了，后来一次作业中就要给两到三次，我充分地意识到了这种动力的后继无力。黄语旗也曾经因为惧怕黄先生而假意学习，但这种假意真是够假的，她的心思全在是否骗过了爸爸，还有多长时间自己才能结束表演上面，如果说奖励还能算是有一点点力量的话，恐惧根本不能算是一种动力。

可惜，我至今也没有找到一种真正的动力能够让黄语旗学习。她是一个看得比较透彻的小孩，根本不受那些虚假的成绩、分数、排名的干扰，她在这个年龄就已经看出，成绩是会浮动的，并且过了这一次就没有用了，留不住，何必在意。对这样的孩子你真的不好骗，需要给她一个认真而合理的解释，一个

真正的动力她才会去学习，而那些你给其他孩子画过的饼，比如找个好工作、赚很多的钱，对黄语旗是没有用的——我真的很希望快点看到黄语旗这样特别的小孩将来能够成就怎样的事业，也害怕她这样的小天才会毁在平庸的家庭教师手里。

在职场，人力资源常常把人分成三类。一种是有内在驱动力的，这种人有一个真实动力，不管处境怎样他们都能够按照自己的目标努力。一种是需要一些外在驱动力的，比如给他们奖励和肯定他们就可以振作起来。还有一种大概就是黄语旗这种，他们没有什么内在的驱动力，并且不受任何人的"蛊惑"。人力资源通常在意的是第一种人，而我在意的却是第三种人，因为帮助这样的人找到动力和方向，才有可能真正改变社会。

心理防御机制

我一直都说黄语旗的情商高于黄语晏，但黄语旗就没有弱点吗？那是不可能的。有时黄语旗也是个"外强中干"的小草包。

她们的家，往上走两分钟是游泳池，往下走两分钟就是海，爸爸妈妈在的时候，她们更常去海边而不是游泳池。有一次他们开着车，带着装备去海边准备露营，黄先生准备搭帐篷的时候，两个孩子就跑出爸爸妈妈的视线范围了。Sara和黄先生开着车沿着海岸线找，不一会儿就找到了，但是他们为了惩罚和警示一下孩子，他们没有上前去把她们带回来，而是远远地藏起来看着她们，让她们体验找不到家的着急，以后就会记住不要乱跑了。

黄语晏、黄语旗玩儿了一会儿，猛然想起离开爸爸妈妈的视线了，慌慌张张地往回跑，可是哪儿还有汽车和爸爸妈妈的影子啊，两人一下就慌了。黄语旗当时就泪奔了，说："怎么办啊！咱们回不去了。"黄语晏毕竟见过的世面比黄语旗多，遇事反而很冷静，说："爸爸妈妈会回来接我们的。"

黄语旗显然不是很相信。耐着性子等了一会儿，说："他们是不是忘记了？

咱们去找他们吧！"

黄语晏说："不行，如果我们离开这里，等一下就算他们回来找我们也一定找不到了。"

黄语旗说："那咱们去找警察吧！"

黄语晏说："附近又没有警察，这里是我们下车的地方，如果他们回来找我们，一定会先来这里，我们不可以离开这里。"

黄语旗说："他们会不会不回来找咱们，等咱们自己回家去？"

黄语晏说："不会。把孩子放在（她想说扔在）公共场合是犯法的，他们不敢这样。"

黄语旗全程在哭，黄语晏一会儿安慰她，一会儿训斥她，叫她耐心等。果然过了半个小时，黄先生觉得惩罚够了，开车接上两个孩子回家。回家当然还是逃不掉一顿打，但黄语旗对于能平安回家已经万分感激了，黄语晏也没有表示不服气，只是后来对我说："妹妹平时和我吵架的时候特别厉害，当时却哭得像个小baby，好好笑。"言语间，对自己的"对手"是这么个怂货感到有些失望，黄语旗则是尴尬地跟着笑。

从中我们可以大致感觉到黄语晏和黄语旗在心理防御方面的差异。

契诃夫有一篇小说《一个官员的死》，讲小文员伊凡在戏院看戏时，打喷嚏不小心把唾沫星子喷到了前排一个高官身上，心里害怕极了，赶紧道歉。高官接受了道歉，没责怪他，只表示自己要继续看戏。而伊凡的担心却没减轻，继续恳求对方的原谅。高官不耐烦地说："别没完没了的。"伊凡更加担忧了。翌日，伊凡专程去这位高官家里请罪，对方笑着说昨天是在"开玩笑"。而伊凡又反复地道歉、乞求原谅，官员这下真的生气了，让他"滚出去"。伊凡沮丧地走回家，躺在床上，死了。

撇开时代风气、社会等级等外界因素，伊凡悲剧的原因还在于他的心理防御机制失效了。

我们通常认为孩子在较为宽松、包容的成长氛围中，能够更加自信地表

达自己的感觉、乐于分享自我感受。在学习知识、师生关系、恋爱问题、身高长相、亲人去世等方面体验到糟糕的感觉时，能够内化父母调节情绪的方式，学会独立、有效地面对各种不舒服的感觉，有意识地调节自己体验到的焦虑、烦躁等负面感觉。但这种宽松环境也有一个问题，那就是只有内化，而没有经验。黄语旗在家里呼风唤雨，所以她性格很好，但是遇到真正的困境就不知所措了；而黄语晏在家里经常受委屈，平时显得没有妹妹情商高，动不动就情绪失控，但是因为她经常处理这种孤立无援的情况，反而处变不惊了，她的防御机制因为经常受到考验而变得强大。

防御机制这种有意无意地避免被外界伤害、避免去感觉情绪上的痛苦的自我保护方式，能够避免心灵长时间地暴露在冲击之下。防御机制一旦形成，便非常稳定。在没有意外发生和有意识的改变下，往往会延续终生，一个人如何保护自己的方式——防御机制——就是性格的基石。

但是受成长环境、意外因素等的影响，我们都会存在防御方面的不足，导致某些情绪体验上防御功能的失效——在海边，黄语旗的防御就失效了。

我们主动进行自我调节的能力越高，防御的弹性就越强，防御机制就越高级。而防御失灵的概率越小，带给我们的损失也越小。比如说伊凡，当他打喷嚏喷到高官身上时，他反射性地认为，对方会惩罚他，所以必须道歉。但他的反复道歉反而激起对方的反感，这就是防御机制的失灵导致了现实检验能力受损，继续使用已经证实无效的防御方式，无法做出调整，结果形成恶性循环，最终焦虑惊吓而死。

在海边，黄语旗表现出来的不是日常受到的情感呵护不够导致的防御机制不健全，而是她对父母的投射体现出她自己怕被遗弃、怕被忘记的焦虑——日常生活中她虽然看起来比姐姐显得更加从容不迫，但她的潜意识里是缺乏安全感的，所以她会更加频繁地卖萌、吸引注意力以防止自己被遗弃，而这种卖萌的手段在对面没有对手的时候，显然就是无效的了。

黄语晏在平时的情绪失控都是对自己的感受进行的防御行为，她会明确地表达出自己受到忽视的不满。在遇到问题时，她平时形成的防御机制使她更充分地信任父母和法律体系，通过这些有逻辑的分析，有意识地压制自己和妹妹的不良情绪。这种反差也提示我们，看起来没有问题的孩子并不一定真的没有问题，也许使自己看起来没有任何问题只是他们的一种防御方式而已。

游　戏

前段时间回香港度假，得知黄语旗的升学面试遭遇了滑铁卢。

其实也不是特别的失败，她考上了加拿大国际学校，但是黄先生预期的是和她姐姐一样，考上汉基国际学校（以下简称"汉基"）。当时黄语晏考进汉基，是我发现了面试的漏洞，用应试教育的那一套来应付素质教育，所以能够在水平不占优势的情况下把成绩弄好看。但是这两年多来，香港的中小学教育已经越来越靠近内地学校的应试教育。当黄语旗考中学的时候，她的竞争者们很多能够同时熟练地使用繁体字和简体字——黄语晏面试的时候几乎没有孩子能够认出简体字的，更不要说书写和进行繁简转换。而黄语旗呢，是连一个漂亮的句子都写不出来的，只有口语和性格还有些竞争力，但中文水平的巨大差距使这两项也显得不具备竞争力了。

尽管黄语旗面试失利，我依然认为她接受的应试教育已经适量了，不应该再盲目增加了。我总是在说应试教育在刻意练习及提升成绩方面的突出表现，但是应试教育也确实有它的硬伤，那就是没有留给孩子足够的游戏时间。

其实游戏和玩耍是有本质区别的。比如说去迪士尼、去海洋公园玩儿，与参与一场有目的、有规则的游戏，效果肯定是不同的——可惜很多家长总是把它们等同起来，所以剥夺了很多孩子参与游戏的机会。

实际上，在各种规则和设定下，游戏变得像一场浸没式戏剧，它能使我们重现祖先的生活，甚至重现人类自己的进化历程。

首先，很有趣的是，同一个游戏在不同的地区常常衍生出不完全相同的规

则，并且这些规则几乎都不是由成年人制定的，而是由参与游戏的孩子们在游戏中不断争论、不断明确和修正本来模糊的规则，甚至改造出更加适合本地、本群文化的新规则，这是非常惊人的。

更加令人赞叹的是，这种对规则的制定和改造并不是一种肆意妄为、唯我独尊的行为，相反地，在游戏中，制定规则的人同时也遵守规则，甚至比那些没有参与制定规则的人更加严以律己——因为那些以权谋私的规则制定者会马上被同伴抛弃踢出游戏，他们制定的规则也会马上失去公信力——这种公平和正义在成年人的世界正变得越来越稀缺，我想或多或少与游戏的缺失有关。我们常常说现在的人缺少"规则意识"，其实这很容易理解：在青少年时期缺少游戏这样的活动来增强对遵守规则的习惯，成年之后当然就不会在意游戏规则了。我们常说性格决定命运，但是往往忽略性格是由习惯而来。

游戏也是一种实践。我们发现有时那些在考试中能够完美解决问题的孩子，在条件限定得非常严谨而合理的情况下游刃有余的孩子，在现实生活中不一定能够顺利过关。这是因为现实的维度是远高于考试和理论的，现实中存在太多的不确定因素，这需要我们迅速地从海量信息中捕捉到有效信息，在缺乏规律和经验的情况下迅速组织出一套可行的系统。这时，视野更开阔，实践能力更强的孩子就会脱颖而出。

游戏还具有重要的社会功能，它能够让不同的个体在游戏中团结一致共同进退，成年人的团队建设仍以游戏为主要方式就是一个很好的证明。在游戏中探索对方的习惯，探索对手的底线，发展共同的策略，这是所有人际交往与合作的基础，所以游戏绝对不是简单的消遣或者幼稚的行为。

如果总结一下游戏的意义，你会发现游戏能够使人养成遵守规则的行为习惯；能够帮助人形成逻辑严密、结构严谨的思维体系；能够让人专注于一系列不同方向的事情；能够调动我们人际关系管理的潜能以应对挑战、实现合作——如果说哪种文化或者哪种普世方法是完整而有益的，那它也必须是满足这些条件的。

黄语晏和黄语旗都展现过人类这种与生俱来的从游戏中学习的能力。

黄先生为了社交，邀请很多同事和上司带着孩子来家里BBQ（烧烤）。其实黄家小姐妹是不大喜欢这些孩子的，认为她们娇气、骄傲，不像自己精心挑选的那些朋友，可是她们又很清楚爸爸需要她们陪客人们玩耍，并且让客人感到愉快也是自己作为主人的义务。所以，当那些女孩提出要玩家家酒时，她们两个也欣然同意了。

这个游戏是集角色扮演与养成为一体的游戏，每个人都有自己的角色，并且分到一定数量的金钱，可以用以购买服务和物品。作为客人，其他女孩都毫无悬念地选择了公主、王后之类的角色，而我们家的两个可怜的女孩则只能选择当仆人，为主人们提供服务。

黄语晏、黄语旗都没有拒绝，配合地完成游戏，提供服务。当游戏进行到后半段的时候，转折点出现了。每个主人的金钱都花完了，而此时，黄家姐妹通过提供大量的有偿服务，变成了最有钱的人。这时，她们两个人就可以开始舒舒服服地购买服务了。在此，我也非常欣赏其他孩子表现出来的对游戏规则的尊重，因为当她们的钱花完之后，她们没有选择逃离游戏，而是反过来提供服务来重新赚取财富。我们看到，所有那些公主、皇后的头衔都不能帮助挥霍一空的孩子得到任何特权，她们也乐于接受这种规则，花完了钱再想办法去赚回来，以免被踢出游戏，当她们以后进入社会开始工作，这种童年记忆就会让她们乐于奋斗并且不畏挫折。

黄语晏和黄语旗在游戏中还表现出了平时很少见的风度和对游戏进程的掌控——在以往的社交经验中，黄家姐妹更多地处于下风，因此她们对规则和进程比别的孩子更关注，同时使她们更愿意，也更有自信坚持到最后，等待时机。这种自信心、洞察力和对事物发展规律的掌握，如果能够很好地保留至成年，将是她们的一笔财富。

电子游戏

电子游戏应该也算游戏的一个分支，只是它通常简化了运动功能和社交功能，而在反馈方面加以完善。黄语晏和黄语旗都喜欢玩手机游戏或者电脑游戏，但是她们沉迷的方式不同。黄语旗喜欢玩简单的游戏，就是想快速获得反馈——她本来就是缺乏耐力、追求轻松的人；而黄语晏则迷恋于在游戏里重新构造了一个世界——她在虚拟世界中展现出来的创造力和责任感也是在真实生活中少有表现的。

其实电子游戏是有意义的，电子游戏的核心还是解决问题。不管是需要杀死一条龙也好，消掉一堆各种颜色的糖果也好，还是造出一个特别复杂的机器来过关也好，所有的游戏都是给玩家一大堆问题，然后玩家很开心地一个一个解决——甚至有的游戏会给玩家设定任务，不完成会面临惩罚。

面对问题，解决问题，这和上班或者上学实际上是一样的。

有关游戏为什么会吸引人，我们也确实应该反思：游戏的反馈特别及时，量化进度，而现实里并没有这么好。

黄语晏喜欢玩Minecraft——这是一个神奇的游戏，几乎满足人类的全部需求。你看，首先你要收集资源、找东西吃，不然会饿死，这是满足生理需求；其次要造房子，没有庇护所会被打，这是安全需求；再次要和朋友一起玩、一起形成社区，这是归属需求；还要建造出复杂厉害的东西让大家来欣赏，这满足了尊重需求；最后要组建一个团体，完成很庞大的工程，展现我们的创造力，这是一种自我实现。所以并没有理由认为孩子不应该喜欢这些游戏，这和生活是一样的。

电子游戏还有一个最基本的框架。一是"胜任"：每个人都需要感觉到自己很擅长做一件事。而一个好游戏会让你在不断练习中感到越来越擅长怎样去过关，怎样去建造。二是"自主"：我有自由，可以按自己的方式做事。一个谜题以什么顺序解开、用什么样的角色和策略都由我自己决定，没有一个唯一的或是最佳的答案，条条大路通罗马。就像人生一样，而差的游戏可能会让你觉得到处受限制，只有一条路可走，差的生活也是这样。

电子游戏还有一个生活给不了我们的功能，就是规避痛苦。在生活中我们不能一次又一次地冒险、失败、复活，电子游戏可以让我们体验一场"没有枪的轮盘赌"，去冒险但是又能避免损失，这是生活中所不能实现的。在现实生活中，作为一个孩子，并不可能拥有多么强的掌控力和存在感，更易遇到挫折和痛苦，在虚拟世界中很容易回避，甚至疗伤。

黄语旗对这种不用付出代价的豪赌更加着迷，她玩不下去的时候，哪怕交给别人代替她玩，她就这么看着也很开心，游戏角色很容易死掉也没关系。的确，现实世界对于孩子来说，变化和发展都太过缓慢了，他们有时需要马上获得反馈和达成成就，这可能是软弱的象征，但是有时孩子确实需要这种逃避方式，不完全是玩物丧志，这是一种心理需求，控制一下时间就好。

曲棍球少女

孩子们天生好斗，但好斗好胜不一定于社交有害，相反地，一种全新的团队精神也随之产生了：青少年开始拉帮结派，正是因为有了团队精神，一些松散组织可以永久性存在。

运动就是在战斗中相互团结的一种方式。人类如此好战，但是居然可以为了奥运会而休战，可见体育比赛的魅力。体育运动的魅力固然在于它能够展现人类的力与美，但观察所有的体育比赛制度和规则，无不是把团队合作放在更好的地位上，而这正是人类社会发展的重要基石。

那些团体类比赛显然能够凝聚团队，如足球、篮球、接力，但即使那些单人比赛项目也具有同样的作用。举重、体操等单项比赛要求教练团队能够根据场上形势变化不断调整比赛策略，如果策略得当，实力较弱的一方也有可能获胜；策略不当，实力较强的一方也很有可能失败——集体的智慧和合作才是体育比赛中获胜的关键。

这种设定非常有意义。首先，比赛规则往往非常复杂，想掌握这些规则就必须通过仔细观察，这种观察绝对是训练思想控制身体的好办法。所有规则都在不断地被人们进行修正和改进，要想理解每一个有关内部结构和比赛行为的细节被改动的原因，就需要具备丰富的经验和对人性的洞悉。其次，团队成员对集体利益的维护和对领导者的服从，是培养他们的社会意识、合作及本能的最有效的方式。还有，想要取得一场胜利，并不可能只靠一两次努力就达到目标，你需要持续不断地练习、改进，这期间培养起来的毅力和体力都是不能忽视的。所以可以肯定，足球、棒球、田径都可以成为训练青少年智力与道德品行的方式，在我的学校，田径队和足球队的孩子被训练占用了大量时间，但大多学习成绩不降反升，因为时间紧缺，所以他们养成了珍惜时间的习惯，因为训练艰苦，所以他们在学习中遇到困难就不易退缩，因为经常面对胜败，所以他们心胸更加开阔，不大容易被暂时的失败击溃，以及他们会更加真心地钦佩他人的成功。

即使是像黄语旗这么"不思进取""自我中心"的孩子，一旦上了比赛场地，整个人也变得不一样了。她一进小学就进入学校的曲棍球队，球队最初的男女比例还是比较正常的，而随着年级升高，球队里的女生越来越少，黄语旗的能力也就显得更加突出。

黄语晏在低年级的时候也在球队，只是后来渐渐力不从心也失去兴趣——毕竟青春期的女生有其他更重要的事情要思考。此外，黄语晏的身体也比较弱一点，据我诊断，是有一点过敏性哮喘。相反，黄语旗就像小老虎一样，精力过剩，二年级的时候就当了校队队长。

球队里有比她大的孩子也有比她小的孩子，并且总体上来说是男生多于女生，作为一个年纪太小的女队长，压力还是很大的，当然也可以看出校长还是非常器重黄语旗的。队长的责任是很大的，黄语旗除了在比赛中要冲锋陷阵，还要实时指挥作战。黄语旗在课堂上非常害羞，在集体活动中也从没有表现出什么领导才能，但是在赛场上，面对比自己大的孩子，黄语旗给出的指令却是非常果断和清晰的，做动作也明确到位，眼神里闪着光，赢了分数就振臂欢呼，整个队伍就会跟着一起欢呼，校长也会跑过来和她击掌庆祝；分数落后她也能够坚持下去，寻找得分机会，甚至还去鼓舞士气低落的队友，这和她在做功课时遇到一点困难就哭闹喊叫判若两人。

在比赛或者是训练结束后，身为队长的黄语旗还要帮助一年级的队员脱掉护具，整理好场地和装备才能回家——这把我萌死了。因为黄语旗个子很矮，所以其实她看起来和一年级的小朋友没有什么分别。而且平时在家里的时候，她是非常不自律且缺乏责任心的，永远"倚小卖小"，装可爱，装可怜，什么也不做，什么也不会。可是一到了球队里，她整个人就换了一个画风，摔倒了马上爬起来接着跑，我问她痛不痛，她连看都没有看伤口一眼就继续奔跑——平时在家里的时候，擦破点皮她一定会掉眼泪的。

有一次收拾完东西，黄语旗牵着我的手往学校外面走，对我说："这些一年级的孩子，唉……"说着，恨铁不成钢地摇了摇头。我忍着笑问："怎么了？"她说："他们还是不会穿脱护具，你知道我在一年级的时候，全部是我自己做。他们也不懂得怎么跑、怎么躲。我们分成两队练习，可是他们不知道该怎么办，球棍举得太高，很容易打到我们，我们又要跑，还要躲开他们的球棍，你知道，会打到我们。但是他们不会躲开，就会被打到。我说你们要这样，要蹲下来，这样球棍就不会打到你们了。他们只是听不懂。唉……"

比赛能够营造一种特别的氛围，人会变得很有体育精神，即使是永远想赢，永远不择手段的黄语旗也变得关心队友，甚至开始关心对手的安危，这简直是一个奇迹，当然，这也正是竞技体育的意义。我说："不错哦，你就像个大孩子。"她整个人就像打了鸡血一样，虽然她显然不明白她怎么突然就像大孩子了，但她很高兴——这种高兴也再次印证了一件事，那就是小朋友总是非常希望融入成年人的世界的。我说过，虽然黄语旗虽然很喜欢倚小卖小，但其实

她很介意别人说她"你真可爱""小宝宝"这样的话。

黄语旗这个年纪，大部分孩子的出牙期已经结束，大脑发育渐趋完整，其大小和重量已和成人相差无几；身体的健康状态差不多处于最佳时期。他们的感知力和观察力变得非常敏锐，但是他们的推理能力、真正的道德感、宗教认知、同情心、爱心及对美的欣赏能力却没有什么发展。

我常常"嫌弃"黄语旗在学习方面的懒惰和在投机方面的"才能"，但不可否认黄语旗的大脑发育和人格形成都是比较乐观的。我认为除了遗传因素，这很可能也是因为她在体育运动方面的长期训练。

如果在孩子成绩过得去的基础上，让他们学一点符合身体特长的技能，适当多参加一些体育比赛，这将能够最大限度地拓展他们的心智禀赋，孩子会终身受益无穷。

首先，运动员是懂得如何去竞争的一群人。参与者必须要善于竞争、喜欢竞争。

为什么热爱运动的人在社会中往往脱颖而出，因为他们往往拥有坚强的意志力和对团队的号召力。能够带领队伍保持领先当然很好，但如果在落后的情况下，核心人物必须迅速振作且不能纠结在落后的情绪中，也不能妄想一举定乾坤，而是迅速振作士气组织有效进攻找机会反超。这种机会往往转瞬即逝，必须具有良好的抗压能力。

运动使人增强荣誉感。哈佛大学曾经做过一项调研：毕业20年后，哪些校友群体为母校捐款最多。结果捐款最多的不是学习最好的学生，而是那些有校队背景的学生——这些学生无论当年还是现在都更有集体荣誉感。

对青少年来说，运动与音乐、艺术的地位还不相同，它不仅是一种兴趣、一种修养，而是在全球化时代下与人博弈、合作的技巧和实践。

有观点认为，如果能让孩子们置身于乡野环境中，过部族狩猎的生活，去打猎、捕鱼，去亲身体验那种原始粗犷的生活，去做那些我们祖先为了生存而变得擅长的事情，同时能够在无所事事中尽情满足自己玩乐的天性，他们一定会比那些最好的现代学校教育出来的孩子更有组织性、更具有人文主义和自由主义精神。我想，这大概是因为在自然环境中我们更能够学习到同他人竞争和协作共存的知识，是一次真正的生命的竞赛。

说回到开头所说的那种无序的拉帮结派的"团队精神"，如果缺乏有效的监管，这些孩子很有可能会养成各种不良的习惯，如侵犯他人财产、欺凌虐待比自己更小的孩子等，近两年不论是国内还是国外不断爆出的校园霸凌事件，一定程度上也因此而起。这种个体的不良行为将会使周围整个环境都陷入一种无序状态，以致麻烦不断。

魔法词

如果说黄语旗从我这里学到了什么给她的生活带来质的飞跃的重要东西，那一定是道歉。黄语旗是一个非常我行我素的人，她不太在意别人对她的看法，她只在意自己是否过得舒服开心，因此在很多事情上她显得比同龄人要大度，但也显得比其他人要粗鲁。

黄语晏就深受其害。黄语晏拥有与黄语旗几乎完全相反的人格，她是非常不在意自己的处境而在意他人对自己的看法的。因此当她的权益受到侵害的时候她并不会失控，而当她感觉到黄语旗不尊重她的时候，即使她没有受到什么实质性的损失也依然会歇斯底里。

这种歇斯底里让我很难办，因为没有什么实质性的伤害，我就无法惩罚黄语旗，所以这个时候迫使黄语旗道歉就成了最折中的办法。当然，我还要关注她是否真的认识到自己的错误，在忏悔的时候如果是虚情假意，那么不如不要忏悔。其实黄语旗大部分时候都知道是自己不对，只是最初她是不愿意道歉的，因为她根本就不相信说这么一句"对不起"就能够让姐姐放过自己，因为如果别人损害了她的利益，休想用云淡风轻的一句"对不起"解决问题，必定要给她一点好处才行。后来当她发现这句话果然有用，于是才开始抹开面子使

用"对不起"这个"魔法"词。

类似的词还有"谢谢"，黄语晏会对比自己年长的人适时地说出谢谢，但是不会对妹妹说，我想这还是源自她总是认为妹妹不够尊重自己，如果她还对妹妹说"谢谢"的话，妹妹只会更加得意忘形。而当黄语旗开始向姐姐道歉之后，黄语晏也就渐渐开始对妹妹表达感谢了，并没有什么障碍。

我还尝试过要求他们在大战中也要使用这两个词。有一次，两个人正在大吵大闹，黄语晏气得颤抖着说以后不会把自己的饮料给黄语旗喝了。我问"今天也给了吗？"黄语晏说是的。我说："黄语旗，你对姐姐说谢谢了吗？"黄语旗突然卡壳了，说"oops，谢谢你Ailbhan。"黄语晏也是一愣，只好"回敬"一句"不客气"。黄语旗心里大约还惦记着今后是不是能得到姐姐的饮料，而黄语晏因为妹妹罕见地先低头服软而感到舒心，吵架的气氛已经不对了，然后两个人就很难再吵下去，一起去吃点心逗狗去了。

有的时候，一些孩子表现得没有礼貌，并不是因为他们觉得自己这样做是对的，而是他们有自己的权衡：要不就是认为低头没有用，要不就是认为这样做会有反效果，成年人的责任就是帮助他们破除掉各种各样的心理障碍，厘清其中的逻辑关系而已。

眨眼睛

有一天开始，我突然发现黄语旗开始用力地、不自然地眨眼睛。一开始我以为她长时间玩手机眼睛不舒服，可是后来我发现这种频率越来越高，甚至开始在眨眼睛的同时皱鼻子。我想起小时候也有朋友这样，眼睛并没有问题，更像是一种神经性的或者心理上的问题。

有些关于过早锻炼小肌肉群带来的危害的研究让我很在意。在成长的某一个特定的阶段，长时间进行精确度要求高的活动会让孩子们感觉无比厌烦，通过黄语旗对学校、对课堂的评价，我想黄语旗遇到的很可能就是这种问题。一年级的小朋友常常被要求双手背在身后，不许抠鼻子，不许玩铅笔，就这么笔直地坐一节课。这是非常有意义的训练，但同时也是非常艰难的——有时比不要求坐姿时更难控制肌肉和想抠鼻子的冲动。这是因为，从大肌肉动作向小肌肉动作的转换适应过程，孩子们需要一段时间才能完成。训练不好或许就会成为早熟、神经过度紧张及肌肉具有易感性等一系列心理、生理表现背后的元凶。

这些神经质的行为都是我们非常熟悉的：舔东西、弹舌头、磨牙、抓耳挠腮、拍头、用手指绕头发或者将头发放进嘴里咀嚼、咬指甲。

要抑制某种功能的活跃一开始是很困难的。当孩子们被要求静坐不动时，他们必须咬紧牙关、屏住呼吸，或许还得用尽全身力气将自己的每一块肌肉都绷得紧紧的。这样的努力让他们很快就精疲力竭了。这种抑制作用多半不是来自某个专门的神经中心，根据冯特的《神经力学》，这种刺激能够持续地产生不稳定性，换句话说，可以造成合成代谢的不稳定。

当完成某一组动作时，其中的一个动作强度对整个大脑的利用率越大，与之对应的大脑活动部分对大脑其余部分的依赖程度越稳定，这组动作中的其余动作走样的可能性就越小。这样一来，在要求精力高度集中并将功能专门化时，我们可能遇到的危险也就会越小。在大脑的功能整体化之前，目标是要唤醒各个部分发挥各自的功能；而现在，是将所有不同的部分联合起来共同发挥作用。这种跨部门活动的强度呈现出联合的趋势，这样大脑的所有部分才能同时活跃起来。

我并不十分懂得这些深层次的心理过程，但我知道眨眼睛这种习惯一旦定型，对黄语旗的外在形象和在朋友中的地位会产生很大影响——小孩子的自信心是非常脆弱的，一旦毁掉就很难再次建立，所以我更倾向于从一开始就帮她们在简单和肤浅的地方占据先机，然后慢慢地再把这种自信心强化和转化到更有价值的地方，所以我会很小心地保护她们的外貌、衣着和小动作方面的形象，这不能算是肤浅，只能说是实用。

所以我用了一种非常严厉的方式，就是不解释原因，只是批评这种习惯。

至于对于黄语旗这种看得开、浑不吝的孩子，批评怎么会这么有效呢，主要还是依靠她对我个人的喜爱。她虽然不知道自己哪里错了，可是如果我说这样是错的她还是愿意相信的。另外，她也不希望我觉得她连一点小事也做不好，竟然很快地就改掉了这个毛病。

最终，我在书本里找到了依据：当这些无意识动作以一组接着一组的模式发展时，我们必须在这种发展势头出现之初就对其中的大多数动作加以控制、审查，并把它们组织起来整合成更高级的形式——通常是变成一种更加连续有序的复合动作。

似乎是做了一件正确的事情，真好。

真正的老师

黄语旗会因为对我的喜欢而改掉一些毛病，黄语晏会因为对我的信任而冷静客观地思考问题，这些都提示我，很大程度上，教师是孩子模仿的中心，教师身上的影响力，既包括身体上的，也包括精神上的。会辐射到学生身上。老师的每一个口音、手势甚至好恶都被学生们有意无意间捕捉——黄语晏会和我穿相似的鞋子，而黄语旗在我离开后很久，依然对涂指甲油的人抱有好感。

如果老师能够充分利用这种爱戴，带来的好处是难以估量的。一个爱撒谎的学生，如果被爱戴的人所信任，就会变得诚实；被尊敬的人当作绅士或淑女对待的学生，会真的表现得像个绅士或者淑女；如果孩子喜欢的老师告诉他，他有能力做好什么事情，这个学生就会有一种强烈的冲动要去做好这件事，并且由于动力的真实性，他们绝大多数真的会在这件事情上取得成功。如果犯了错误后老师还会向他们道歉，在这种情况下，这些学生几乎都会发生脱胎换骨的变化。所以我想，这也正是在我离开很多年以后黄先生和Sara依然寄希望于我回去的原因，因为大多数的老师和家长基于对权威的考量是不会向孩子道歉的，但我会。

和黄语旗对我的自然亲近和信任不同，在最初，黄语晏表现出了比较大的对抗性——在我的面试中，黄语晏参加了并且表现出亲切和礼貌，而黄语旗因为容易失控没有被允许参加，事后证明反而是黄语旗对我的信任更加牢靠，这不是人品的问题，只是年龄特点，这点我们后面也会说道。直到后来相处融洽后，黄语晏也偶尔表现出不信任，我相信这既不是她的问题也不是我的问题，而是我们开始接触时她的年龄和阅历让她自然地质疑和提防所有那些会强迫她和管制她的人，我觉得这也是一种积极的变化。

心理学认为，在12岁这个年龄，无论男孩或女孩都感觉到了对老师最强烈、最无法磨灭的厌恶之情——所以我常常鼓励自己不要因为不受这个年龄段的孩子欢迎而质疑自己，一个优秀的老师在这个阶段自有其任务，那就是能够明确地向学生指出学习目的、激发他们各种各样的理想、点燃他们想成为什么样的人或去做什么事的野心，让他们找到自己的人生目标、鼓励他们去克服环境中的困难——不可能指望他们像童年时代那样爱戴你，但你依然有很多事情可以做。

总结起来就是，一个真正的老师，绝不仅仅是教授课本里的知识或者检查一下作业就行了，而是要能激发孩子的自信，同时为他们指引方向。孩子们欣赏的是那些能同情并理解他们、与他们有共同的兴趣爱好、以友善的态度对待他们、激励他们产生自信心的老师。这些老师应具备稳定安静的个性、清正廉洁的作风、不伪善的品质及自信独立的表现。

当然，老师在外表上是否具有个人魅力、是否有过人的运动能力、是否充满活力，对孩子们来说也很重要。青少年在通过肌肉走向判断成年人时，也会通过五官比例、气味、肤色判断成年人。这是一种原始的判断标准，虽然有时并不那么准确，但在最初没有建立标准的时候，这就是一种标准。古希腊的健美雕塑和对奥林匹克的崇敬，都代表了一种对美的崇拜，所以对小朋友来说，美绝对是一种天然的武器。

好的品位也会让人产生信赖。好的品位不是一朝一夕能够速成的，这需要观察力、创造力和实践能力，孩子们能够判断一个人的线索很少，外表显然成了其中一个重要的评价标准——当然，美只是一块敲门砖，当小朋友们飞速学习和发展时，美这种外衣会很快失去其价值，如果在美好外表之外还能够给他们更多的理解和帮助，那才能够获得孩子们长久的支持和信任。

收拾书包

我一天当中最头疼的，就是黄语晏找东西和黄语旗收拾东西。

我姐姐小时候收拾书桌，从这儿搬到那儿，从那儿又搬回来，搬来搬去还是没收拾好，眼看着就要挨揍，压力越来越大，最后崩溃大哭。我很会收拾书桌，也很享受。我把抽屉里的东西先都清出来——她可能也是看到我这样做，以为自己也能先弄乱然后再收拾好，可是她没关注我分类时的辛苦。分好类还要设计空间，既要方便拿又要省地方，有时候还要讲究一点美观。最后所有的东西都放回抽屉里，桌面就显得非常大。而我姐姐的桌面，只有眼前一巴掌地方是空着的，走过路过书本纸张哗啦哗啦地往下掉，我要是她我也会想哭的。

黄语晏、黄语旗也面临同样的问题。但是她们的幸运在于，他们家实在太大了，大到东西随便往哪儿一放都很难发现，天长日久自然有工人去清理，她们只要对付过去眼前就行。但是，每天回到家从书包里找书本和做完功课收拾书包的时候就真的完了。

我总结黄语旗收拾书包有两种情况。一种是心里有草，就想回家玩耍，什么带了什么没带根本就不关心，能第一时间冲出来就行。有一次连书包都没带就冲上车了，午餐袋和水壶那就更是一周三四天都带不回来，菲佣每天都阴着脸——不带工具回来，第二天的午餐往哪里放？所以每周会有一两次，征得黄先生同意后，不替没带午餐袋回来的人准备午餐，没饭吃就饿着，但是收效甚微。

　　还有一种情况是今天布置的功课她不想做，所以故意把课本或者功课本"落"在学校不带回来，这完全是在挑战我的智商和忍耐度。我处理这种情况也有两种主要的方法。一是由着她不带，但我会偷偷记下今天的功课。回到家后，黄语旗以为没有本子所以今天就不用做学校的功课了，这时我会给她布置和学校的功课内容差不多，但数量剧增的功课。她立马就崩溃了，功课怎么这么多！我就会做出很无奈的样子说："我也没办法，你不带功课回来，但咱们总得做点什么吧。"这时，她有心回学校拿回功课本子已经不可能了，只能打落牙齿和血吞，下次再也不敢真的不带本子，而是带回来藏起来，以便在我布置了更多作业的时候能够把本子拿出来。

　　另一种方法要轻松一点，但也不会太轻松。我会把她藏起来的本子再找机会偷偷装回来。在她下楼吃点心的时候装回到她书包里。等她吃完点心上来做功课，正准备演戏说"哎呀，本子没带回来"的时候，赫然发现本子就在书包里，那种无助和迷茫，我终生难忘，相信她也是。这个方法其实不太好，搞不好小朋友就神经衰弱了，我承认这属于恶作剧了，完全泄愤，但我想她也能隐约感觉到，很多事情你以为隐秘，其实人人都看在眼里。

　　黄语旗在整理东西方面的不配合，固然有懒的原因，同时，也因为她们与真正成人世界相关的绝大多数元素还处于萌芽期。她们会认为诸如整理东西、做功课这类的要求是专制的，是束缚，是刻意刁难。对所有强加于她们的要求，她们的态度会表现得很被动，会时不时地抵抗和逃避，所以她们会反复地搞砸简单的事情。

　　而黄语晏是另外一种情况，她从来不会忘记带东西，只会带过多的东西。说实话，我作为一个应试教育体制下成长起来的青年，我高三时的书包都没有她一个五年级孩子的书包重。她的包里无所不有，包括所有今天用得着用不着的课程的所有作业本和三五本学校图书馆的书（黄语晏读书很快，英文书在放学回家的车上就能读完一本，第二天上学去的路上又读完一本，所以她一次借好几本带回来也不是没有道理的）。

虽然黄语晏看起来比黄语旗有条理得多，但是我更加为她担忧。黄语旗的乱糟糟是阶段性的不合作，而黄语晏的这种所有东西都带在身边的行为，反映出的更像是一种缺乏安全感，不能"断舍离"的人生。在我的观察里，黄语晏很细致，但是有点优柔寡断，总是瞻前顾后——黄先生也一度因为这样所以觉得黄语旗的前途会比黄语晏更加远大。

其实如果早几年，我也会这样认为。但是我们已经见过太多坚韧不拔的中国学生逆流而上，他们的天赋和资源都不一定有多么突出，但是他们能够以勤补拙，并且更加谦虚谨慎，所以我觉得黄语晏并不一定就不如黄语旗，只是她需要强大的自信，去掉性格里犹豫怕事的部分。

我觉得这是很有希望的，因为我发现黄语晏在掏功课本子出来做功课的时候是非常果断的。她把整个书包倒在地上，扒拉出自己需要的东西，剩下的再全部塞回去。

这跟我姐姐小时候一模一样。我也是瞻前顾后的那一种，尤其是学期初的时候，第一天会检查好多遍书包，忘记带作业的话能吓哭我。我姐姐就很不同，开学第一天背个空书包就去上学了，我妈上班前发现她所有的作业都在桌子上，于是顺路直接送到了班主任那里，而她自己一点儿也不知道，但事实证明她处事是比我果断的——我有时候觉得其实她是黄语旗的亲姐姐，而黄语晏是我的亲妹妹。

虽然黄语旗是豪放派，但她反而不会这样全部倒出来找东西，因为她书包里的秘密太多了，不能全倒出来。比如说，里面通常会有三两样偷偷带到学校去的玩具，有她从姐姐那儿偷来的铅笔橡皮，有她臭美用的小镜子和彩色皮筋，有时候还有男同学送的情书或者糖果——这些东西她是很看不上的，但被别人看到她会觉得丢脸，所以她都是偷偷带回来处理掉。还有她的纸巾用完了，她的餐具没有带回来，如果把书包里的东西全倒出来她的这些事情就全都会露馅儿，她可不想找那个麻烦，而且如果她突然间不想做什么功课，她就假装找不到本子了，都倒出来还怎么假装呢。

做完功课收拾书包的时候，黄语晏还是保持了她的风格，只要是她的东西，不管有用没有，一股脑装进书包里，幸好她喜欢自己背书包，要是每天拿两个这样的书包，我觉得我得加工资。

黄语旗收拾书包就没什么风格可言了，因为她根本就不收拾。她的书包就在地上踢来踢去，有时候能穿过客厅从书房一路踢到玄关去，但是她就有一种决绝：只要做完功课，这书包就和我再无瓜葛，它要死就去死好了，我不认识它——试问有多少成年人能有这样的气魄？反正我没有。

爱的界限

香港的月饼是很受欢迎的，在进入中秋季之后，下午茶的点心就变成了月饼。全家人都喜欢吃蛋黄月饼，但是这种食物高油高糖高胆固醇，是不能吃太多的，每次都只能四个人分一块月饼。黄语晏是比较克制欲望的，虽然每次都会把月饼吃完，但是并不会表现得特别热爱，吃的时候也是慢条斯理，配着热茶细细品尝。而黄语旗在黄先生切月饼的时候就已经开始欢呼，切好的一瞬间，她就会拿起自己的那一块整个放进嘴里大嚼特嚼，吃完之后还会不死心地请求爸爸再切一块——当然几乎没有成功过。然后她就会把盘子里的月饼渣一股脑儿扒拉进嘴里，其实并没有多少渣，她只是通过这种方式表达对月饼的热爱罢了。

而我并不像黄语晏那样对礼仪有什么特殊要求，我只是单纯地对月饼不大感兴趣。一开始，我会很心疼黄语旗那么爱吃月饼，总想把自己的月饼让给她，但是被黄先生制止了，他认为如果我不想吃可以放进冰箱里，但是不能让给黄语旗。这是一种公平，也是一种克制。并不能因为我们喜欢一样东西就无限制地去索取，更不能一索取就得到，黄语晏也喜欢吃月饼，但是她不会去索取，那么她就不配再得到一块月饼了吗？显然不是的。

事实证明，当我们都没有满足黄语旗的要求再给她一块月饼的时候，她也

没有因此而生气撒泼，她只是想试试而已，不行就算了。而如果我们自己破坏了这个界限，去满足了这些"不合理"的要求，我想黄语旗反而不会那么尊重我们、尊重公平原则了。爱的界限很难界定，过分的爱就像不爱一样，对孩子都是有害的。

决策的盲区

李昌镐说："多出妙手，不如减少失误。"这说的是在果断之外的决策正确性，我想黄语晏的随身携带所有东西的习惯大概就是出于这种心理。只不过她的这种应对方法用在日常生活而不是生死决战时显得比较消极：如果我们从来不主动做出决策而总是避开决策的步骤，那么决策能力永远得不到锻炼，而实际上很多时候决策是无法避免的。

做决策的难点在于，这样选也有好处，那样选也有好处，需要我们避开许多的心理盲区判断两边的利弊大小。

盲区有很多种。首先，我们对熟悉的东西会有更强的控制感，更强的控制感会让我们自我感觉良好。但是控制感也会给我们带来一些错误选择，比如我们基于控制感做出来的选择往往会更加大胆，也就是我们常说的"淹死的都是会水的"。

同时，控制感会限制我们，让我们放弃很多更好的机会和更广阔的空间，比如黄语晏在升学时，会希望继续留在kings旗下的学校而不是进入更加理想的学校，因为她的大部分朋友会留在Kings，这让她感到控制感更强。而黄语旗则更加明显，她已经会做的功课就愿意反复去做，而那些不会的功课她连碰都不想碰。

还有一种是隧道效应。隧道效应的意思是我们的注意力不能时刻关注所有细节，更多集中在特殊的部分。肯尼迪曾经对记者说："我要杀死四千万伊拉克人和一个修单车的。"记者问："为什么要杀死一个修单车的？"肯尼迪说：

"哈哈,我就知道没有人关心伊拉克人的死活,我们的选择是正确的。"这也可以解释为什么在简单环境中能够表现出色的孩子在复杂环境中可能会遭遇失败,因为他们没有处理海量信息的能力,只能够通过眼前的线索解决问题,而不能同时关注周围的变化。

黄语晏和黄语旗都有一个问题,就是不敢当众表演,我认为这是控制感和隧道效应共同作用的结果。其实她们并不是做不好,而是担心别人笑话。隧道效应让我们更多地把注意力集中在一些特别的地方,比如说一两个口误,但实际上我们也会更关注那一两个精彩的地方,在做出"做还是不做"选择的时候,我们自己就会被那些少数的特殊因素蒙蔽,看不见大多数和大体上的成功。同时,控制感使大部分孩子在自己熟悉的地方会比较活泼甚至吵闹,但是到了陌生的地方则可能变得过于"安静乖巧",是否有熟悉的人在场也决定了孩子是否敢于登台表演,可见在她们两个的决策过程中,都受到了这些盲区的影响。

还有一种情况,是面对的选择不止一个,这本来是一个好现象,但这时我们又可能陷入决策瘫痪。

有一个实验,一批大学生被告知参加的是一项市场调查,请他们评价几款巧克力的口味。他们可以选择拿现金或者等价的巧克力作为报酬。这些学生被分为两组,一组学生评价的巧克力有6款,另一组评价的有30款。结果发现,前者比后者更满意自己的选择,并且前者选择拿巧克力作为报酬的人是后者的4倍。

幸运的是,决策能力是可以训练的。举棋不定时,就要开始做减法,让自己放弃掉一些选择,甚至只留下一两个选择,这样也不会因为选择过多导致决策成本太高,最后造成我们的不作为。这也正是黄语晏面对的情况:她不知道今天晚上回家后自己是读英文书好,还是读中文书好,是做数学练习好,还是做科学报纸好,或者是写作文好,所以她只好把所有这些科目要用到的东西全都带回家来,以防止要用的时候没有。

　　而黄语旗在决策方面则要果断得多，她能够马上判断出今天我一定不想做什么，然后那一科的东西她绝对不会带回来。当然，黄语旗有她自己的问题，那就是给自己留下的选项也太少了一点……

　　黄语晏还有一个盲区，就是逆反极化。很多不甘于平庸的人都有这样的思考。英国脱欧全民公投时，电视、民调都说很多人赞同，于是很多人开始投反对票，为了证明自己是特别的，不随波逐流的，结果有这种心理盲区的人看来是太多了，英国竟然真的脱欧了。更加戏剧性的是，事后很多英国公民公开表示反悔，希望重新进行公投，可见当时的决策受到了严重的盲区误导。

　　我自己常利用别人心理上的一个盲区是"登门槛效应"。比如，当你要请对方帮一个有些困难的忙，不确定对方是否会提供帮助的时候，先请对方帮一个"举手之劳"的忙，然后再请他帮那个稍微困难的忙，这时的成功率会更大。这是因为对方已经帮助我一次了，他就会给自己造成一种暗示：我愿意帮助你。于是，他就会再费一点事继续提供帮助，否则前后不一致会带来很大的心理不平衡。这也提示我自己：还是要客观判断别人的请求是否合理，不能一味追求心理平衡，而让自己更多的利益受到侵蚀。

　　黄语晏也是这种盲区效应的"受害者"。通常是黄语旗已经要走了她的饮料，还想要她的蛋糕，这时尽管黄语晏也想吃蛋糕，但是想想既然饮料都已经给了妹妹，蛋糕也给她吧，结果黄语晏今天就什么也没吃到——这么想来，黄语旗的情商确实太高了，一早就开始利用心理战获利了。

第四章　成长之路

cheng zhang zhi lu

再见，幼态持续

小朋友天生就懂得使用"可爱"这种武器，黄语旗是其中一个范本。在孩子没有任何生存能力和防御能力的时候，"可爱"这个武器可以使成年人尽力去保护、帮助他们。直到他们开始有了一些能力，慢慢开始变成"熊孩子"了，这代表着他们认为自己已经不需要这种幼态来保护自己了。

但像黄语旗这种从"可爱"中深深受益的小朋友，他们巴不得这种幼态持续一生，这样生活就总会轻松而满足了。你不得不承认，她的这一招也总是有效。从我第一天面试直到工作一年后，Sara和黄先生一直都在反复提醒我：黄语旗很善于装可爱、装可怜，千万要保持清醒不要上当！但在此期间，我们三个人还有黄语晏，都没有停止过上当：黄语晏在不断地给她提供蛋糕和果汁，我在不断地帮她减少作业、增加糖果，黄先生和Sara都在不断放低底线以避免总是需要揍她。所以黄语旗实际上在不动声色地主宰着这个家，而她所做的，就是牵着你的手可怜兮兮地抬头看着你。

"装嫩""装可爱"这种能力，很可能就是因为害怕长大而出现的。在小集体中，一旦长大了就意味着要承担风险，要出去捕猎大型动物。这太可怕了，智人开始争相装嫩："我是孩子""我不吃肉，我就只喝奶跟吃水果就可以了"，学会采蜜也是能够逃避陷入捕猎危险的办法等。这样就出现了"幼态持续"——这就是黄语旗使用的技能，这是一种广泛存在于我们基因中的古老经验。

其实人类的身体发育在动物世界里算是相当缓慢的，但这也使我们的大脑有更多时间长得更大，并且始终是"幼稚的"。这使我们一生中都保持着好奇心，处于一种开放和学习的状态——这也是黄先生总是相信黄语旗会有更大的前途的原因。

但是，我想黄先生也清楚地看到，保持好奇心和活力并不是保持幼态持续，成年人还是应该尽早学会独立，不能总是将希望寄托在他人身上，因此才反复提醒我们不要被黄语旗蒙蔽，毕竟对待真正的幼儿我们尚且不能保证全心全意的呵护，何况是一个"巨婴"呢。

权力与理想

虽然发现了黄语晏在写作上的问题，但我并不敢轻易去做什么，害怕弄不好就连这一点兴趣都浇灭了。

有一天，她们两个比较安静，我干脆拿出电脑写自己的论文。我一做功课，这两个孩子就炸窝了。轮番轰炸：

Miran，你也有功课吗？

老师为什么会有功课？

谁给你功课？

不做功课会怎么样？

你的功课好不好？

你的功课难不难？

……

我觉得这很有意思。在最初孩子的认知似乎是严格一一对应的，认为学生就是学生，学生可以当老师，但是当了老师以后就不会再是学生了，可以转变，但是不可以"兼任"。

我想起《蜡笔小新》里，小新永远分不清你和我，回到家里永远是喊"你回来了"而不是"我回来了"。这是因为妈妈每次跟他讲话的时候，都会说你怎样怎样，所以他认为"你"就是属于他的名字而不是一个代词。还有的孩子会管自己叫宝宝叫很多年，同样，因为知道宝宝就是指代自己。

除了指代上的唯一性，还有时间上的唯一性。我们花了很多精力来训练孩子们时间的概念，让他们能够按照时间顺序来记录事情——这是否限制了孩子的叙事能力。其实在很多文化中，并不认为世界是线性的，而是多维缠绕的，也就是说，两件看来不可能同时发生的事情是有可能同时发生的，我们认为时间上有先后顺序的事情也不一定只能按照现有的先后顺序，比如说，生不一定在死之前，死亡也不一定是终点，相反，死亡填充了更广阔的时空，所以生者和死者有沟通交流的基础。我想，这些思维方式在真正的文学创作中，甚至在创新的科学理论中是非常有意义的。

顺着她们两个的问题，我回答说"我也是学生，所以我当然会有功课啊！我也经常不想写，经常写不完，但是没有人可以帮我，不明白也要写"。她们两个一下变得很兴奋，说"我们帮你写"。

我想互相了解一下也不错，就说"好呀，你们可以帮我看看我的功课，也可以帮我改"。

香港的大学规定用繁体字，所以我用的也是繁体字。结果她们发现，虽然很多字她们是认识的，但是几乎没有一句能看懂。这是因为我的题目是古代汉语方向的，文章里有很多地方古籍，并且我为了压缩篇幅，自己也用了大量文言词汇，不是非常熟悉的地方我自己都读不太顺，加上很多中文的标点符号是她们还没有学过的，所以这两人一下就看傻眼了。

我本来也是想震慑一下她们。一是黄语晏天生有一种怀疑精神，尤其是在不会做功课的时候，总是觉得其实我们这些大人也不会做，只是没人可以强迫大人做这些而已。所以我觉得有必要让她知道，我不帮她做功课不是因为我觉得难我不会做，而是因为那本来就是她的功课，她不做是不会有进步的。

而对于黄语旗的作用又是不同的。我小时候很羡慕爸爸妈妈上班不用做功课，我觉得他们上班一定是很轻松、好玩的事情，常常缠着爸爸妈妈带我去上班或者替我去上学。我小时候也曾想过，长大以后一定要当老师，不仅不用写作业，还可以给小朋友布置作业、批改作业，那才痛快呢。我觉得黄语旗多少也有一点这种心态，所以我希望她知道，成年人有成年人的困难，有时候比孩子的困难更加困难，不要以为长大了就可以逃避，更不要以为长大了就可以转嫁这种困难。近几年报道出很多老师对待学生的态度很差，甚至出现了暴力事件，这很说明他们最初选择教师这个职业并不是为了理想，就是为了糊口而已，所以他们对教书育人没有那么多敬畏。这其中更让人头疼的一种人，甚至不是出于养家糊口的考虑，而是出于对特权的向往，那就更好理解他们为什么那么容易伤害孩子了，因为本来就是奔着伤害别人的目的去的。

孩子最初的理想基本上就集中在几个职业上面：教师、警察、飞行员、法医，再有就是公交车司机或者售票员了。其实你仔细想一想，动机可能都不能上得了台面。老师可以"折磨"学生；警察可以"打"坏人；飞行员和公交车司机在小朋友看来是一类，是自由和掌控力的象征而不是一种服务行业；法医被误以为是医生和警察的综合体了，但总之医生除了治病还可以给病人开药、打针，当医生的话不仅不用被打针、灌药，还有机会对别人这样做，这些工作不都是很有吸引力的吗。

所以我想至少在这次受挫中她们明白：虽然我是她们的老师，但也有自己的老师，我也有很多功课要做，包括她们的爸爸妈妈，也有很多功课要做，世界上的每一个人都一定有一个能管他、他必须要服从的人，哪怕是总统也有议会、有人民、有总统夫人可以管理他，所以每个人都没有什么值得羡慕的，不一定非要变成他们，更不一定非要登上权力的顶峰。

刻意练习

黄语旗、黄语晏读不懂我的论文，觉得更好奇了，问我到底在写什么。我说"好啊，我就好好给你们讲讲我在写什么"——和小朋友交往最大的武器其实是真诚，你永远不要拿他们当小孩子来糊弄，他们感受到了尊重，就会反过来给予你同等的尊重。

基于这种认识，玩游戏我也会认认真真地赢她们，回答问题也尽量严谨认真地表达我自己的看法和困惑，即使这样做会让小朋友觉得人生很艰难我也从不心软，他们更愿意和真诚并且拿他们当作真正的对手和朋友的人交往。

我说："我在通过一些蛛丝马迹猜测一个什么都懂、什么都不怕的英雄为什么要自杀的问题。这个英雄，他写的文章很美很积极，但为什么我们还是认为他的文章里透露了他想自杀的想法。"

黄语晏说"就像屈原"——我当时感动得都要哭了，因为我写的就是屈原。

在内地的学校，很多孩子都不知道屈原是一位英雄、一位文学家，而只知道他是一位爱国主义诗人——但具体怎么爱国、怎么伟大，我们给出的解释却又不够好。没想到在香港这片说了一百年英语的土地上，却遇到了知道屈原是英雄的小孩儿。

黄语晏的阅读量在同龄人里确实是比较惊人的，她也乐于展示自己的博闻强识。在我说到一些课本以外的东西时，我几乎都能听到她的大脑在飞速运转，搜寻相关信息。她真的很喜欢在学识上压过她的妹妹，顺便获得我的赞赏，我觉得这可能是她一天当中学习收获最大的时候，比让她抄三遍课文都有用，也比任何奖励都更具有吸引力。

黄语晏竭尽所能地给我们讲屈原的故事。比如说端午节、赛龙舟，比如说自杀——有一些是以讹传讹，但是能了解到这个程度已经很不容易了，并且要用自己不熟悉的语言介绍自己不熟悉的人，这已经是一个比较大的挑战了。

还有一次黄语晏非常努力，收获巨大，是《白蛇传》在香港公演的时候。他们全家去看了演出，并且拿了一本剧情简介回来。黄先生说：我学的是简体字，看不懂繁体字，因此拜托黄语晏把手册翻译成英文——这项工作是黄先生布置的最好的一个作业，其他的时候，他都布置一些应试教育那一套抄抄写写提高分数的作业，我都不想让她们两个写。但这份功课是有意义的，它既满足了孩子被需要的心理需求，又足够困难、足够大型，让孩子不是完全做不了，但是需要咬着牙才能完成，比起那些量力而行的功课，反而能激起他们的兴趣。

一开始黄语晏还有一个障碍，就是不大乐意为爸爸服务——她是一个处于青春期的孩子，如果不叛逆的话就觉得自己很丢脸。我跟她说："不是每件事情都跟爸爸对着干才酷、才表示你不怕他，表示你有自己的主见的方法是你得有自己的判断力，他说的不对的事情你坚决不服从，他说的对的事情你就要去完成，如果一律不执行、无理取闹的话，反而更像小baby。而且你看这次，爸爸是在请你帮忙，没有命令你，你如果不想做你当然可以不做，但我觉得你可以帮帮他。"

这么一谈，黄语晏突然就变得很积极，翻译得非常快，几乎不眠不休，当然也不会太准确。但是这种超纲的作业，我一定会出手帮她的。我改完给她，她自己就很好奇：Miran改的地方多不多？改了哪里？她就会很仔细地去看一遍。这篇文章的每一个字都是她认真翻译的，哪里被改过了她一眼就能看出来，当然有些改动很多年后她才能知道我改了的这两个词或者这两句话有什么区别，但她一定会留下一个深刻的印象，这就足够了。

这份功课也使得我们之间的关系更像是合作而不是指导，大大增强了她的自信心，拉近了我们两个之间的距离——很多小朋友希望自己能够帮上忙，体现自己的价值，这是与幼态告别而主动成长的一个标志。

这是一种略微超出能力的练习。学习成绩越好的孩子往往越勤奋努力，而当我们给孩子留超过这一时期的能力的作业时，完成度的差异就显现出来了——尽管完成度会远远不如孩子已经掌握的那些，但是对能力的提升反而是更有效的，也更能激发起孩子的热情，所以这并不只是一种测试、选拔，也能成为一种动力。

超出能力的练习自然也有它的潜在危险：因完成度不够而丧失自信心。所以我们还要对孩子的变化予以及时反馈，甚至帮助他们进行自我反馈，这样才能维持长期的动力从而来提高，而不是使原本有益的练习变成摧毁自信的

凶手。就黄语晏和黄语旗来说，对这种练习的抵触在于，它需要离开"控制区"，挑战"学习区"：去做自己熟悉的事情和有把握的事情，这是人类的一个生存本能。就像黄语旗不喜欢听写这项工作，但是很喜欢听写她已经能够完全写对的章节，完全掌握事态发展的感觉充分满足了她对成就感的需要，所以她只愿意对这些章节反复加强。黄语晏也是一样，如果可以选择，她永远会首先选择英文书籍，哪怕内容更难更多，也不选择内容相对轻松的中文书籍。

当我们评价素质教育和应试教育的时候，总是以应试教育给孩子过多的作业和练习为切入点。实际上，反复练习是分很多种的，那种机械训练确实不能提高能力，那是用来熟练基础节省时间的，但是刻意练习对能力的提高是非常有益也是必要的。不管是哪一种体制下的学校，一般的学校课堂往往有几十人按照相同的进度学习知识，这种学习是没有针对性的。同样的内容，对某些孩子来说是"舒适区"，根本无须再练，而对某些学生则是"恐慌区"——这也正是一对一的教师的作用，能够及时带领孩子进入"学习区"，但又不迷失其中。与其说是老师教学生，不如说是师父带徒弟。

能够达到什么样的成就，天赋是很重要的，但天赋不是在任何时候都起决定性的作用，只有在同等科学的训练下，天赋才起决胜作用。而绝大多数时候，科学的训练足够弥补天赋不足的缺陷。

长期稳定的训练不等于过度训练。过度训练不仅会造成效率低下，甚至带来精神疲劳，削弱动机，减少动力——多少小天才因为过于急功近利（或被迫），致使兴趣、动机被消耗殆尽，最后不得不离开原本擅长的领域。比如黄语晏的翻译工作，在我教她们期间只安排了一次大型的翻译工作，这是不错的频率，并且随着她自己的提高，下一次的练习可以顺利升上一个台阶，如果是过于密集的进行同一个阶段的练习，则只会增加工作量而减小兴趣。

诗书传家、将门虎子实际上说的都是环境和天赋（及自我实现）的关系，天赋只是开始刻意练习的诱因。父母察觉到孩子的某种天赋，并把这种信息传递给孩子，孩子也就会因此认为自己很特别，会更加自信、努力，更有兴趣和动力在某个领域开始系统学习。父母期望的影响已经被大量实例证明，而期望只是开始的动力，期望过高导致的评价失衡、压力过大也是有害的。

Sara和黄先生都察觉到了黄语晏对写作的热爱，也承认她表现出了超越同龄人的文字表达能力，所以我们共同创造条件去巩固她的能力。

但同时，天赋也容易掩盖她存在的缺陷——这也是为什么很多少年天才在长大成人以后文字能力反而变得平庸甚至不及常人了，因为监督者的疏忽和自己的盲目乐观导致了方向的偏离和缺乏正确练习，这在大班教学中经常出现。

很可惜，一对一的教育方式是有资源限制的。家庭、学校对某个学生能提供的资源、机会是有限的，通常独生子女家庭、富裕家庭能提供更好的教育机会，提供更多的多样化选择——就像国际学校里的这些孩子。当然也不能简单地认为国际学校里的孩子就比普通公立学校里的素质更好，或者国际学校里使用的教育制度更先进，而是在教育资源配备上拉开了距离，这才是"赢在起跑线上"的真正含义。

努力和进步的关系

黄语旗、黄语晏在对待自己生活上有很大的不同，一个是高度自律，一个是享受当下，而黄先生、Sara，还有为她们俩操碎了心的我，都没有去尝试干预这种差异，我想她们两个是比较幸运的。

我们总有一种误解，认为世界上一定有一条百分之百正确的成长道路，而忧心忡忡生怕自己给孩子选错了成长道路。

其实在今天，孩子的前途不再关系到一个家庭的未来，养育孩子的初衷慢慢转向帮助孩子营造更好的未来。有些"快乐教育"的家长决定让孩子从这种无尽的竞争中解脱出来，过幸福的童年，过平凡的一生。而有些家长虽然不指望孩子给家庭带来多少财富和名望，但还是致力于培养精英，让他们拥有更强的战斗力和竞争力。而不管是哪一种，孩子的未来完全取决于他自己本身是怎

么想的，这恰好是很多成年人忽视的问题。

有这么一些事，它既是目标，也是方法。我们从所做的事情本身寻找意义，而不用想这件事情以外的价值、附带的好处。比如一些学者大儒，他们成为大儒是因为读了很多书，而读书是他们的兴趣，功成名就只是附加的好处，这便是幸福的。而如果兴趣阻碍发展，或者对奋斗的领域并没有兴趣，那么就不可能是完全幸福的，这是一个简单的道理：没有一条道路是百分之百正确的，除非这一条路是百分之百适合你的。

黄语晏在写作上无疑是有天赋的。但是有一段时间她的那种无目的、无进步的写作很令我担忧：她对天赋的利用可能导致训练不足，并把这种实际上并无明确目的的练习当作是努力。

在这方面，黄语旗则不那么令人担心，因为她根本就不努力。黄语旗的选择告诉我们，人如果清楚地知道努力就可以进步为什么还是不努力——因为缺乏立竿见影的时效性。也就是说有些努力是艰苦的，在短时间内是不会进步的，在这点上，黄语旗看得非常清楚的。比如说，一样多的薪水，苦熬一个月才能拿到和每周拿到一部分的感觉是不一样的，有些人需要每个阶段都获得奖励。

这种阶段性成就的达成和快速反馈在游戏中体现得非常突出——这也是游戏广受欢迎的原因之一：只要你投入时间就会看到进步。同时，游戏中一个小时能达到的成就，现实中可能一个月也达不到，这也是游戏的迷人之处——我们都希望用更少的付出来获得及时的快乐。

而努力呢，需要强大的耐力，需要"延迟满足"。"努力就可以进步"这个信念本身就有点沉重——越是把这句话当回事的人，生活中往往越是受到束缚，感到压力。

努力这个词本身就隐含了"克服痛苦"及"长远规划"的元素。但是克服痛苦，就可以算作努力了吗？不一定。比如说我并不是一个喜欢游戏的人，我玩游戏得不到快感，并且觉得厌烦。那么我强忍厌烦，一遍一遍地打着毫无快感的游戏，克服了大量痛苦，显然这不是努力，是有病。但是如果给这个行为加上一个预设条件，比如我玩游戏是为了学习游戏的建模和营销手段，是为了创造更新游戏思维，那么这个行为就可以称为努力了。

努力是有风险的，因为努力不是总能带来进步的，有很多人是这样，比如黄语旗——因为怕努力会白费，不愿承担这个风险而从一开始就放弃努力。黄语旗的年龄决定了她目前还是一个心智不成熟的人，不懂得"延迟满足"，她想要的是"即时满足"，她还不明白任何技巧都需要经过练习才能带来改变，但在成年人身上出现的，则可以说是怯懦和急功近利心态的表现了。

进步的含义也不是完全积极的，它隐含的思想是：当下并不够好，我并不满意，我需要改变，这是对当下的否定，所以努力去进步不可能是一个完全愉快的过程。如果努力了还得不到进步，是会更加痛苦的。本来就对现状不满意，加上想要改变却又改变不了，再加上牺牲了很多时间，消耗了大量精力，那给精神上带来的打击将会是巨大的，所以我很好奇，究竟黄语晏是没有像黄语旗一样看清楚努力不一定取得进步的事实，还是她足够成熟，能够正视努力的风险了呢？我希望黄语晏从一开始就知道：努力不一定能够进步，但想要进步必须要努力，那么她就会慎重考虑自己的动力是否足以支撑自己冒这样的徒耗精力和时间的风险来继续写作，并且，是否要调整写作的方法。

当然，有时进步正在发生，只是并不显著，这时孩子们需要的是鼓励和支持。事情最关键的时刻往往也是进步最缓慢的时期，就像是一个瓶颈，度过了就是一片新天地。

一起长大的孩子

我在当家庭教师甚至是充当教母的角色时，有很多灵光一现的时候，但也有后来反省起来，发现明明是很好的教育机会自己却一再错过的时候，后悔不迭。

黄语晏和黄语旗经常发生矛盾，黄语旗会利用自己和姐姐情商上的落差来欺负姐姐，经常气得黄语晏发疯，黄语晏则会通过知识储备的优势在方方面面整治黄语旗。我觉得这种斗争大部分时候还是良性的，因为在家里不消耗掉这些过剩的能量在外面就会容易和人争执，青少年的激素水平决定了他们肯定是会愤怒、委屈和情绪化的。并且，战斗的经验都是在战斗中积累的，在家里没有这些经验，在外面就很容易被那些确实不懂事的孩子欺负，那样对自信心和世界观造成的伤害就比较大了。

在家战斗的坏处就是，容易造成姐妹感情之间的裂痕。当然这是我的猜测，因为我和姐姐也是在斗争中长大的，但感情还是非常亲密，那是一种可以一起上战场的关系，我感觉黄语晏和黄语旗之间的感情也是这种：黄语晏有一种保护妹妹的本能，黄语旗很依赖姐姐。

最近内地也放开生育二胎了，很多家庭都在考虑生二胎。而生二胎最大的顾虑显然是家里目前已有的这个孩子的感受。有一些很应时应景的真人秀节目，比如说《二胎时代》《闪亮的爸爸》，我们会发现小朋友天然地对二胎有一些抵触，这和他自己的生活质量无关，更多的是担心自己得到的爱会被瓜分。

我堂姐在怀二胎的时候，小外甥女最初也是很反对的。但是表姐对她说："我不教她，你来教她，你是姐姐，你想怎么教就怎么教，她听你的。你想她像你一样好，你就好好教她，你想她不好，你就教她一些不好的事情或者你不理她，不教她，反正她都听你的。"

小外甥女认认真真地想了一夜，第二天，就开始拉着她妈妈给妈妈肚子里的小妹妹读绘本故事读英语。她还会偷偷地练习，确保自己发音无误才读给妹妹听，因为她怕妹妹记住了错误的版本，以后就很难改正了，而在这之前她是不大喜欢练习发音的。她还监督妈妈的饮食起居，跟妈妈谈她的计划，包括等小妹妹几岁的时候，就要送她去学跳舞，几岁要去学钢琴——这些都是她自己正在学习的东西，她想要亲自指导妹妹。

如果我们能一开始就让黄语晏感到自己是黄语旗的家长之一，她不是被黄语旗分走了一部分爱，而是她也有责任去爱黄语旗，那情况就不一样了，两个人都不会感到自己会被遗弃，两个人之间也就不存在对爱的竞争了。

当然，在没有看到效果的时候，我们谁也不能说什么是有效什么是无效的。黄语旗的情商过高，很难说她不会去利用姐姐的家长身份而向她过度索取，而黄语晏是不是像我的外甥女那样那么有野心想要把妹妹培养成一个更好的自己，这也很难说。所以能够互相交流的那些经验层面的东西，只是方法和理念，是战略层面的探讨和战术层面的演练，只是给你一个提示，具体到实际问题上，主要还是靠基于丰富经验和理论知识的随机应变。

《弟子规》

黄语旗有一种过目不忘的能力，她能够在不认识字的情况下很快背出《三字经》《弟子规》等文章，虽然具体的语句会很快遗忘，将来还需要重新学习但是这种训练对孩子在语音方面的感悟大有裨益。更重要的是，目前教育家也提出，没有必要过早地向孩子灌输其中的道德观和价值观，这会给孩子带来困惑。

在我们过去的一些家庭和学校里，对孩子的教育仿佛只要站在道德制高点上就可以碾压一切，形成了一种过于感情用事的道德观，总是急于表达自己关于道德伦理的观点，而不相信理性的建议。最近闹得很大的罗尔"卖文救女"的事件就是一个很好的总结，不管是当事人还是旁观者都只关注在道德层面争论，以道德为武器，我们看这条路径：罗尔先利用网友的同情心募捐，网友略施薄恩满足自己的道德优越感，反转后罗尔指责网友没有同情心只关心钱，网友则指责罗尔重男轻女诈捐，最后道德的真正制高点出现了，一批"罗尔有罪女儿无罪"的拥趸明知诈捐但继续捐钱。这中间当然有各种各样的制度和法规漏洞，但争论的焦点一直都是道德层面的，"罗尔门"的出现也正是因为在我们现在的这种道德教育理念下，孩子很容易形成一种倾向，那就是给自己设定一

套理想规则，给别人设定另外一套——困境对别人来说是负债累累，对自己来说则是保证生活质量的前提下拿不出钱来治病。

当我问黄语旗孔融是一个什么样的人时，她会很清楚地讲出孔融让梨的故事，然后对孔融做出非常正面的评价。但是，如果我想让黄语旗在什么事情上谦让一下，她则是非常抗拒的。不是说资本主义社会的教育不成功或者黄语旗这个孩子朽木不可雕，而是在她这个年纪的孩子，刚刚建立物权意识，这时候让她根据所谓的道德去做出物权的调配是会打乱她的价值观的。

如果强行给黄语旗灌输这些过高的道德标准，她大概会有两种选择，一是被动妥协，违背自由意志进行调整，那就会像罗尔一样变成一个虚伪和双重标准的人。另一种选择是与高道德标准进行对抗，甚至故意降低对自己的道德要求——反正也达不到那个高标准，何必不干脆放弃努力，舒舒服服地过日子呢，就像闯红灯的行人说"因为我没素质啊"。

对孩子来说，虽然天性中有自私的一面，但其实公平意识也是与生俱来的，如果过分强调那些有失公平的过高的道德标准，反而会让这种公平意识失去约束力。所以，在成长发育阶段，能够完整地维护这种公平意识就已经很好了，不需要再去做过分道德化的教育。

看起来，不管是成绩上还是道德上，我的宽松要求似乎就是黄语晏、黄语旗对我恋恋不舍的原因——在我之前和之后的几个家庭教师也确实都是比较强硬的，她们甚至从不和两个孩子玩也很少做功课以外的交流。我觉得这种刻意的强硬是对教师权威的一种误读。当然强硬是很有效的，孩子会摄于压力而服从指令，但其实我们的根本要求都是一样的，无非是做完功课，读一些课外书，我要求她们完成的事情也并没有减少。只是，如果对孩子们下达指令时能够轻柔平和，不让孩子感觉你是在粗鲁、强行地命令他们，能够有效地拉近双方的距离，那么她们从主观上会更愿意相信你的指令，从而去完成你的指令。如果能够温和地达到目的，实际上也是教师领导能力和管理能力的体现。

孩子的顺从行为并不是自主选择的结果，而是由众多心理因素引起的，也许是对老师的恐惧，也许是对压力的不耐受，这些心理因素远远超过了意识所能衡量的程度。孩子对教师的感情是感性的，可能没法说出老师是否经常微笑，穿什么样的衣服，说话声音是高还是低，但这位老师个性中的每一个部分仍会给他们带来深刻的影响。显然，一位稳重平和的老师带出来的学生也往往具有这种气质，一位暴躁易怒的老师带出来的学生也不会特别和气温柔。也正是因为具有这方面的神力，孩子对道德环境中的一切刺激都能够快速地进行反应，不需要强行灌输，尤其是不要矫枉过正，这就是我认为还没有必要让黄语旗读懂《弟子规》《三字经》，或者其他那些道德至高点上的名人典故的原因。

像对待黄语旗这种比较自我、不太容易受控制的孩子，一开始，对他们下达的命令或禁令可以少一些，只要做到令行禁止，能够树立权威就可以了。尤其不要明知道她做不到还要求她去做，她一想：反正我也做不到了，干脆就不去尝试完成要求了，所以这一点宽松，既是给孩子以执行命令的信心，又是给自己以权威性。

虽然我认为强硬是没有意义的，但是强硬的老师并不是最差劲的老师。最差劲的老师是摇摆不定的老师，他们给孩子们带来的麻烦是无穷无尽的。尽管我不建议在黄语旗这个年龄给她灌输太多的道德化思想，但在明确的是非面前，我们的意志应该是坚定不可动摇的。黄先生就有这样的问题，当他心情好的时候，就会觉得孩子们无比可爱，做什么都是可以原谅的，这个也没关系，那个也不要紧，你开心就好；但是当他在学校老师面前或者试卷成绩上大大受挫的时候，又突然鼓起收拾旧山河的念头，就对孩子们像战士一样严格要求。这种飘忽不定可能就是黄语晏、黄语旗对爸爸缺少一些信任的原因，她们对爸爸感到无所适从。黄语旗还好，黄语晏处在一个对是非标准非常敏感的阶段，所以当我们不能给她一个明确和权威的标准时，她会比成年人更失望，从而产生一系列的对抗情绪，有时候我们误以为这是青春期的叛逆，但是并不知道，这种对抗针对的不是高标准、严要求，针对的只是我们标准的缺失，有时候孩子是替我们背了黑锅。

糖果交易

有很多家长不给孩子吃糖，牙齿还是其次，乳牙总会换掉的，但是很多人认为小朋友吃糖就像嗑药一样，会变得过分活跃和不受控制。Sara相反，她是不控制孩子们吃糖的，条件是必须在家里吃，外面的食物是不许吃的。我有时会通过奖励糖果来鼓励她们两个用心复习，在考试中取得好成绩。黄语旗小朋友有一种大将之风，对成绩什么的不是很在乎，除非给她糖果她还愿意努力争取一下，否则她是不介意自己是考了2分还是全班最后一名的。

我为什么会确定黄语旗有这种"风范"呢，因为黄先生用过一个很极端的方法，他把语旗的一份2分的中文试卷贴在了汽车后挡风玻璃上，"这样所有的人都会看到语旗考试得了2分了"，黄语晏如是说——其实也没有谁会趴在别人车子上去看一看这个考了2分的孩子到底是谁，但我得承认这一招还是蛮伤人的。但是黄语旗表示完不满后，甚至都没有想办法去把那张试卷取下来。

我也没有更好的办法让黄语旗变得更在乎分数一些，所以我跟她做了最简单直接的交易：测验全对就给两颗糖，错少于两个就给一颗——分数确实很快提高了。

但黄语旗确实太聪明了，她发现每两次测验中，只要用功一次拿一个全对，下一次测验完全放弃也是很值的，没必要两次都努力——两次都用心准备的话，温习范围太大了，反而可能导致连一次全对也拿不到。于是她的成绩波动大到黄先生找我谈了一次话。

当黄先生听我交代了我们的这个交易，以及黄语旗针对交易做出的应对之后，没有特别生气，反而是笑得不能自已，反复问我："语旗很聪明对吧？"我很无奈，我说："她比我想象的还要聪明。"他说："语晏我不担心，她什么都能做得好，语旗可能会是做大事的人，但也有可能闯大祸。"感叹完黄语旗的聪明，他也没忘记把黄语旗狠狠地捧了一顿。

虽然黄先生默许了交易，但谈话之后，糖果交易也并没能维持多久，因为黄语旗食物中毒了。AL向Sara保证没有让孩子们吃外面的食物，家里的食物都是菲佣准备的，通常是没有问题的，那么，唯一的问题只有可能是我带来的糖果了。我很委屈，我确信那些糖果是不可能出问题的，但是我一想到我在这个家里只呆一两年，菲佣却还要五年十年地干下去，我只是赚点零用钱而她们还要养家，我就默默地背了这个黑锅。而且我觉得，这也是一个停止糖果交易的好时机，我觉得我应该能找到一些更光明的手段刺激黄语旗学习。

其实我也隐隐觉得这种交易是有弊端的，毕竟交易的对象不是机器而是孩子，她们有深度学习的能力，会根据情况迅速做出反应——仅仅是两三个星期黄语旗就发现了奖励制度的漏洞，所以我相信这个交易即使没被人为阻止，很快也会向着越来越诡异的方向发展，这是历史必然。

其实黄语旗的这个年龄，是进行机械化训练的最佳时期，并且，机械训练的强度越大越好，时间越快越好，完全不需要利用她们的爱好来引诱她们的注意力。只需要信息过载或者让她们找到兴趣点，甚至是用激将法来调动她们接受挑战的兴趣就行了。这本身并不难，难点在于你要实时进行调整，才不会被小朋友过强的学习能力和适应能力牵着鼻子走。而显然，不管是父母还是非亲看护者，往往不能花这么多精力在这些细节上，他们通常只需要强迫或是交易，就像我们之前做的那样——这种不走心才是教育的真正问题所在。教育是必须有针对性地实时调整策略的，否则只能教育出一些学习能力不强的半机械化的小孩，所以在我看来，师资不够才是目前应试教育表现出的最大缺陷。

奶酪还是公平

小朋友的能量消耗出乎意料的大，需要时常补充碳水化合物和蛋白质；香港天气炎热，出汗多，矿物质流失也比较严重；并且小朋友对奶制品天生有一种依赖，总之，我们家的这两个小朋友对于奶酪类的食物比较疯狂。

每天下午茶时间，如果可以选的话，她们都会选奶酪。但是因为做完功课要吃晚餐，菲佣担心她们吃太多奶酪不好好吃饭，所以奶酪是限量供应的。但菲佣可能没有意识到，这种饥饿营销对小朋友来说影响更加恶劣。两个人试过声东击西把菲佣引开偷奶酪，试过硬抢，当然最常用的手段还是"黑市交易"。

奶酪在这个家里可以算是一种硬通货，可以拿来交换各种服务。比如说，黄语旗想要喝黄语晏明天的饮料，可以用奶酪换；想要糖，可以用奶酪换；想要黄语晏帮她做功课，可以用奶酪换。但是黄语旗换出去的时候少——她一般是购买服务的那一方，她得到奶酪的情况通常是黄语晏用奶酪和她换书，换她半个小时不说话，或者有时候就是单纯地施舍给她。

黄语旗这个人，只要嘴里有喜欢的食物，看世界都是彩色的，说话的语气都透着幸福。这样的时候，黄语晏也会很得意，因为这都是她的功劳，她有一种成就感。黄语晏对食物没有那么强的欲望，很多时候争抢、哭闹都是为了争一个道理，争一个公平，为了不断确认自己在这个家里的地位。

最近看了两个亲子真人秀节目，一个是《二胎时代》，一个是《闪亮的爸爸》。看到有些地方我也很沮丧：以前经济条件不好的时候，可能没什么人关注孩子的心理问题，现在生活质量提高了，还是有很多家长不能很好地处理孩子之间的公平问题，这就不是经济原因了。其实我最初真的不敢相信像Sara和黄先生这样的出身和教育背景会不懂公平的重要性，但他们确实经常性地表现出对黄语旗的偏爱。

当然，我理解，任何动物都是小的要比大的更可爱，这是它们寻求庇护的武器。小东西无理取闹的时候也更多，所以家长给更小的孩子一些特殊关照能够尽快恢复家里的平静。但是，这样做的后果，是深深刺痛了更大的那个孩子的心。有些大的孩子看到弟弟妹妹通过无理取闹获得的额外利益，也会变得无理取闹起来，甚至报复性地加倍哭闹，这就是息事宁人的结果，这就叫姑息养奸。

所以我从道义上和道理上都会刻意地向黄语晏倾斜，稍微恢复一下家里的平衡，让黄语晏出一出心里的不平和委屈。而黄语晏得到了道义上的支持后，对物质利益方面的损失就不太在乎了。其实我想，很多比较大的孩子都是这样的，他们本来可以不去争抢的，只要让他们心里知道自己不需要争抢也可以得到公平的对待，自然就会忍让了。

游　泳

Sara特意找我谈了两次，希望我能"不强迫地"劝说黄语晏多去游泳，因为她的"脚医生"说她需要锻炼腿部肌肉。黄语晏的问题是，自尊心强，她不喜欢让别人——尤其是我——知道她身体不好，和身体素质超人一等的黄语旗一起游泳的话，更显得自己不如妹妹——这种互相比较和嫉妒的心理是人的动物本能，我们本来就会自然地觉得父母会比较偏向做得更好的兄弟姐妹，自己做不好的话就会被抛弃，就像小狗受了伤或者生了病都会刻意假装没事，怕主人会遗弃自己。

其实黄语旗作为真正被偏袒的一方，也总不免有被比下去的失落感：大的觉得父母偏爱小的，小的觉得父母认为大的更懂事。于是我给了黄语旗一个参与帮助姐姐的机会，她也是日日夜夜都想抓住。

这一天，黄语旗闹着不做功课，我说不行，然后她竟然很自然地提出，"如果做完功课可不可以去游泳"——我当时都被她的智商感动了，扭脸看向Sara。Sara是有名的大状，瞬间就明白了，但装作不大情愿地说："一个人不行，要菲佣或者姐姐、Miran，不管是谁，有人跟着就可以。"她们两个不喜欢和菲佣玩儿，我上完课很快就要走，很明显黄语旗能够依靠的只有姐姐了。而黄语晏在与菲佣做斗争的时候永远会义无反顾地支持妹妹，于是大义凛然地说：

"我可以跟妹妹去游泳。"于是我给黄语旗的功课放了点儿水,让她们两个能够早点出发。

但是这次游泳也不大顺利。两个人没过多久就回来了,我甚至都还没有等到社区巴士来载我下班。

原因是黄语晏难得陪黄语旗去游泳,黄语旗过度兴奋了,在泳池里大声嬉笑,大叫着"姐姐!姐姐!"而黄语晏本来就不擅长游泳,在游泳池碰到了擅长游泳的小伙伴,更不想大家看到,但是黄语旗却过度兴奋,引得大家都注意到她们两个,黄语晏才会这么生气的。她说:"朋友会觉得我们是笨蛋。"

黄语晏感到丢脸,就假装不认识黄语旗,不理她。黄语晏越是不理她,她就越是着急叫她,最后黄语晏忍无可忍就跑回来了。黄语晏对我讲这些的时候非常委屈,眼里噙着泪水。而黄语旗完全不知道发生了什么事,恢复了白痴状,只是在焦急地等我判决到底是谁对谁错,她会不会没有糖吃。

我说:"我先说好的地方。两个人一起去一起回来,这很好,这样以后妈妈还会让你们离开菲佣自己出去。你(黄语晏)知道公共场合的礼貌,妹妹没礼貌你虽然很生气,但是还是等妹妹换好衣服带她一起回来了,这很好。你(黄语旗)虽然没有礼貌,但是也没有只顾自己玩,想着姐姐。不好的地方是,黄语晏你为什么不及时回应妹妹,你不知道她会着急吗?"说着我看了一眼黄语旗,"下次如果姐姐没有及时回应你,你除了大喊大叫,还可以怎么做?"她想了想:说,"等,因为姐姐也许没听到,也许有别的事情,她不是故意不理我的。"黄语晏心很软,听到这些软话,就平静下来了,答应回去再游一会儿——黄语旗平时也就是这样把黄语晏拿得死死的,唉,有这么一个妹妹,黄语晏要学的东西还多着呢。

我私下对黄语晏说:"你的朋友可能会觉得你的妹妹呆呆的,但会觉得你很酷,因为你能照顾一个'笨蛋妹妹'。他们自己也有笨蛋弟弟妹妹,或者自己以前也是别人的笨蛋弟弟妹妹呢,对吗?"

黄语晏想到自己是家里的老大,而朋友们也有被哥哥姐姐嫌弃的岁月,得意了起来。

突如其来的冷静或者不冷静都会有它的原因，只是在于你能不能找到这个原因而已。黄语晏这个年纪的孩子，在很努力地融入我们成年人的世界，她开始积极关注，试图融入成年人的社会，所以她会积极地遵从成年人的社交礼仪。而黄语旗还处在自我中心的年纪——这不是一个贬义词，只是一种客观状态，因此她还不能接受"礼仪"这种强加的、造作的事情，因此在公共场合，两个不同年龄段的孩子更容易产生矛盾，这也是年龄差带来的不可避免的问题，换个角度看其实还蛮有趣的。后来黄语晏开始不太抗拒游泳了，因为越锻炼，她的腿部肌肉就越有力，她游得就越来越轻松，在泳池遇到朋友也可以谈笑风生了。

那些不同的音乐

因为要教中文，我的选课时间和大家都不一样，中午也来不及和朋友到餐厅吃饭，大部分时间是一个人，还好手机里有一些音乐。两个孩子也听音乐，尤其是黄语旗对音乐的鉴赏力非常惊人——一个6岁的小丫头，喜欢猫王、鲍勃·迪伦，还有一些真正的摇滚。黄语晏是喜欢那些古典的，最好是交响乐，总之我手机里面的那些流行音乐就显得很俗气。

有时她们两个在车里玩儿，我就自己听听歌，放松一下，但是这时候黄语旗就一定会觉得我做的事情比较有趣，于是强迫自己跟我一起听。黄语旗是不管我手里有什么东西，她都一定要搞搞清楚的。那么黄语晏就不高兴了，也要求一起听，结果只能公放出来全车人一起听。司机AL是印度人，音乐欣赏水平也是不错的，结果我就比较尴尬了。因为他们发现我有很多泰勒·斯威夫特的歌，黄语晏说，这些是她的朋友们喜欢的音乐，于是就很认真地开始跟着学、跟着唱。其实这个年纪的女孩儿还是应该听一些肤浅但是广受欢迎的东西的，但黄语晏是很心高气傲的，如果让她跟同龄人学习，她是很不愿意的，而当她

发现，比她大很多的女孩儿也在做这些事情时，她就很容易接受了，因为觉得自己是和更大一些的人想法一致。

除了这些青春期的歌，还有一些比较小众的音乐，有一些还有很多脏话。比如莉莉·艾伦的歌，这是很多青少年的家长不允许孩子听的。其实她的三观是很正的，比如她反对恐同，反对战争，反对虚情假意，但是用词太直白了，对性和恨都不大避讳。所以每次我们听到莉莉·艾伦的歌也不会刻意地跳过去，我想打破"禁忌"带来的神秘感——神秘感很容易带来虚假的兴趣，我希望她们是真正理解一样东西而去接触它，而不是仅仅为了反抗家长、打破禁忌而产生兴趣。

偶像崇拜

尽管常常挨揍，黄语旗对爸爸还是有一种除爱以外的崇拜——这在黄语晏身上体现得并不明显。黄语晏已经进入青春期，我自己在青春期时，也出现了挑战权威、挑战父权的倾向。但是这种挑战并不是盲目的，而是只针对传统的权威。如果是一个思想特别卓越的人，一个对人类有杰出贡献的人，哪怕只是一个球打得特别好的人，都是可以赢得青春期孩子的尊重的，所以，与其说青春期的孩子是要颠覆权威，不如说是试图找到一种新的权威取代父母的偶像地位而已。

对于更小一点的孩子来说，父母的权威与生俱来，但对于青春期的少男少女来说，那些更抽象的权威开始占有更突出的地位。这种选择表明，青春期的孩子已经能够在不违背自己的自由意志的前提下，扩展关于权威的观念，这是一个很大的进步。

也有人担心这种扩展如果过于迅速，可能会"导致人格的瓦解，让人不安于现状"——但我觉得这是偷换了概念。在今天，"安于现状"已经不再是一个完全的褒义词，尤其是在全球一体化、工业文明超速发展的今天，安于现状其实就和坐以待毙差不多。至于"人格的瓦解"，我觉得更谈不上了。必须承认，父母师长往往不能达到我们对偶像的要求，如果强迫孩子向这些相对平庸的人学习，可能会耽误很多有潜质的孩子，而向存在隐藏人格缺陷的人学习，则有更大的危害。青少年处在一个思想激进的时期，他们会敏锐地察觉到并指出教师或家长不再生活在一个可以为所欲为的世界，因为青少年心目中的权威人物已经不再是他们——失落是一定有的，但是尽快走出失落而找到帮助孩子成长的道路才是家长更重要的任务。

黄语晏选择的偶像，并不像普通女权主义者想象的那样，以女性为主。相反，那些贡献卓越的男性也同样可以成为青春期女孩子的偶像，这才是性别的真正胜利：21世纪出生的孩子，尤其是女孩子，对自身的性别更加自信，她们不需要像我们这一代女性主义者那样去刻意强调女性的优势，而是从内心深处就能够更加平等地处理性别问题，这相对于经济较落后地区的女权思想的发展，是具有更明显的进步的。曾经有人担心历史中那些过多的阳刚形象会让女孩子更加缺乏自信和对自身性别的认同，因此建议让女孩子使用女性专用的《圣经》、历史教材、学习课程等，但实际上正是这样的行为反而会一点点剥夺女性已经拥有的自由和独立。

我们这一代的女性主义者似乎曾经经历过这样一个阶段，就是选择去过异性的生活。好在就在短短的几年时间里，借助互联网的发展，越来越多的女性偶像进入孩子们的视线，女孩子对有关理想人物的观念几乎以迅雷不及掩耳之势发展，那些富有女性气息的理想人物在她们心目中成型，并且和男性偶像分庭抗礼——这种意识能够很好地消除性别上的焦虑感，于是这些女孩的视野又拉回到现实中自己的生活圈子，而不是那些与自己完全没有交集的领域。

黄语晏对历史人物的仰慕最为强烈，尤其是那些创建了帝国的人和拯救了别人生命的人。但随着对时事新闻的接触，她很快转向对当代人物的景仰，比如希拉里·克林顿，比如JK·罗琳，甚至是泰勒·斯威夫特。而有研究发现以《圣经》中的形象作为偶像的孩子非常少见，即使是有对力量的崇拜，也会更

多地选择神话故事或者志怪小说中的形象——这可能与《圣经》中对道德的过分强调有关，使孩子产生一种陌生感和距离感。但这种选择和转变也可见，随着阅历的丰富，青少年对神性人格的追求不再那么强烈，转而对脚踏实地取得成功的当代榜样投去更多的注意力，这些榜样能够使他们联想到自己，产生努力的动力，偶像崇拜向着更加务实的方向发展，是有益于青少年成长的。

不过，对男孩子而言，像女孩子这种对才智、贡献的关注远远不如他们对军事能力和成就的关注。很多青春期的男孩子对希特勒及其他一些纳粹德国的将领有一种特别的了解和崇拜，这是因为在这一时期的男孩子眼中，这些反面形象在道德方面的败坏还不足以磨灭他们在军事方面的才能，随着年纪增长，内心的道德要求才会使得他们放弃对这些邪恶形象的崇拜。

12岁或更年长一些的时候，孩子们对身边更大的生活圈的认识会逐渐变得清晰，意识到自己的生活必须与其他人协调同步，否则就会造成麻烦和困难。带着这种认识，他们会自然生发出维护社会规则的欲望，因为这个社会规则是为公共利益服务的，他们也不再把惩罚当作一种个人化的、专制的东西——这个时候，加入道德的教育，就不再会引起对抗和割裂了。

而且，有了对圈子的认识，黄语晏也就开始具有职业规划意识了——在贵族或者精英教育中，这个阶段也必须开始有完整的职业规划了。黄语晏喜欢写作，但她并没有意愿成为一名作家，而是更倾向于成为像父母那样的律师。

黄语晏对法律其实并没有什么兴趣，有时甚至表现出抵触情绪。但她很明显可以感觉到，父母作为律师能够给家庭带来丰厚的收入，并且也殷切地希望她们两个也能子承父业成为律师——其实这种来自孩子的认同对父母来说也是非常重要的，非常普遍的，只是青春期的孩子往往不愿意表现出来。

我想这是孩子们对所崇拜的人和事业有一种敬畏心理，这种敬畏使她们不那么自信。同时，像黄语晏这么大的孩子，社会属性逐渐凸显，她会开始更多地考虑父母的意见和将来自己在社会中是否能够立足——当一名作家是否能够养活自己，还是只是一个奢侈的梦想，她能够分得很清楚，有时这是非常令人心痛的，我们常说希望孩子无忧无虑地过一生，但是无忧无虑，没有挫折和放弃是否就是好的人生，谁也不敢肯定。顾虑和选择，也许好也许坏各一半吧。

青春期的心灵鸡汤

在童年时期，我们对于这个世界的认识处于一片黑暗或暧昧中，于是对故事有着强烈的兴趣——故事消除了我们一些理解上的困惑，此后，我们对成人世界的热情又促使我们去阅读更多的书籍，这是一个良性循环，但也要小心地加以指导。

在黄语晏这个年纪的孩子会突然变成"阅读狂"。游乐场、运动和他人的陪伴都不如疯狂读书有吸引力了。黄语晏每天都带几本很厚的书回家，有时在车上她就能读完一本书的一大半，然后急于给你讲这本书的内容——这是她融入成年人社会的一种方式。

黄语晏读书的种类很明显。一类是科普类，从昆虫到宇宙，大自然所有的事情她都感兴趣。另一类是神话宗教类的，我想她不仅是想看一些猎奇荒诞的故事，也是因为她正在形成世界观和人生观，因此对很多不明白的事情急于得到解释。还有一类是名人传记类的，似乎她很想知道人类的极限究竟在哪儿，而自己究竟能做到哪一步。可能不仅仅是自我指导，也可能是用以反驳家长。

有研究说，如果不干涉青少年的阅读兴趣，让他们自然发现，他们通常都会倾向于选择那些对日常生活没有什么帮助的书，而我在一开始也因为过度关注黄语晏的中文水平，总是鼓励她读一些中国经典文学故事。实际上这样做是有风险的。有些人会在数年的时间里，一直沉浸在文学作品制造的浪漫气氛里，失去了对自我的正确认识，在幻想的世界里体验急剧而极端的经历，过早地耗尽热情，并因此认为现实世界单调无趣，或者对真实世界产生一种非真实感。

这也是很多人希望生活在别处的原因，但生活永远不可能像文学作品那样

精彩，结果就会觉得沮丧或者标准失衡，甚至产生一些社交障碍。当黄语晏也开始有这种倾向的时候，我开始有意调整她的阅读方向和生活重心，比如允许黄语晏不再按时做香港教育局规定的网上中文阅读作业，也减少写故事的写作练习，而是尝试写一些新闻报道，更多地去关注现实中发生的那些有趣的或者奇怪的事情。

正如我所说的，我认为那些类似二十四孝的故事是没有必要的，儿童本来就十分愿了解社会道德标准并严格执行的，没有必要给他们一些很夸张的案例让他们觉得道德距离自己很遥远，产生疏离感，甚至开始抵触。

黄语旗还没有进入这个阶段。她目前会背诵《三字经》《弟子规》等，但仅仅是为了培养韵律感和锻炼记忆能力，《三字经》里所包含的典故即使是在我读完中文硕士后依然还有很多地方解释不清楚，所以更不可能要求儿童去理解。她这个年纪喜欢的故事还是简单易懂，让她有安全感的那些，尤其是那些她熟悉的情节和已知的结局。《老友记》中Joey因为害怕《小妇人》的结局而把书藏在冰箱里逃避，这就是一种童年记忆。

名人传记虽然不宜读得太多，但确实有重要的指导意义。如果浏览一下当代著名人物的一些自传，看看他们是如何描述自己的少年时代的，你会发现，这些自传处于两个极端：一种极端是不厌其烦地用大量篇幅描述细节，伴随着缜密而富有指导意义的哲学反思；另一种极端则是对自己少年时期的生活表现出了极大的轻视，只有极其重大的里程碑事件才会被记录下来，体现的是对童年经历的不自信和逃避。可见不一定是完美的人生才能造就完美的人，生活中有挫折、有错误都不影响人的成功，别人的人生也不能完全指导我们自己的人生。不过，让青少年了解他们所敬佩的人的成长经历，是指导他们在自己成长过程中，找到自信的一个途径。

关于成熟语言

当黄语晏意识到自己可以想象并讲述一些在现实生活中并不存在的事物时，这是一个开启新纪元的重要里程碑。孩子会从虚构事件中得到一种奇特的快感，这种第一次故意打破真相的体验让他们感到一种真实的兴奋，他们感觉到自己的想象几乎达到了真实可见的程度，这就是孩子们展现出创作神话的能力的动力。

黄语晏一开始总是写一些不可能发生的事情。有时逻辑线太长了，毫无主题，人物动不动就夭折她也毫不吝惜。这并不完全是一种想要充当上帝，控制笔下人物生死的快感。如果只是喜欢掌握命运的感觉，那么我们恐怕会第一个来改写自己的命运，我想那些十几岁少年的玛丽苏式文章都是来源于希望改变自己的命运的幻想。黄语晏比较抗拒写这类东西，比如写自己喜欢的男孩子也喜欢自己，写自己得到了想要已久的礼物，她认为这是没有意义的幻想，只会让自己更尴尬，唯独写一些猫猫狗狗离奇变异或者遇上一些稀奇古怪的事件，以及造神运动能够让她着迷，可见是离奇本身让她着迷，并不是陷入对生活的不满而向幻想逃避。

在我上学的年代，学校总是沉迷于让我们去写一件微小而普通的物品或者事件，而不是无意义地乱写，当然这对培养观察能力很有帮助，但回过头来想想，在一个大脑飞速发展的阶段，这实在是有点儿大材小用了，很多杰出的幻想和发明的灵感都源于这个时期，还是很值得记录下来的。那种一味强调语言外在美的教育方法，实际上是使得孩子们的写作朝着字斟句酌、过于讲究的方向发展了。我搞不懂用极其精妙复杂的语言来描述一些不值一提的鸡毛蒜皮的事究竟意义何在——似乎内容越空洞，就越是能体现出形式本身的胜利。青少年对细节的烦琐描述，表现出一种超乎年龄的老气横秋，诺杜曾经大量列举了这样的句子，并称之为"文字的退化"。

事实上，语言美的范围要远远大于形式的美感，传授语言的方法，反而是应该集中在故事、历史、演讲、戏剧上，感受语言文字如何承托思想。我赶紧反查了一下自己正在完成的一些作业，惊觉自己也和黄语晏一样耍小聪明，以语言的流畅掩盖结构的缺陷——通过对黄语晏的观察，我突然找到了自己论文的瓶颈，除了倍感惊喜，我也深深自责：搞不好黄语晏的这种习惯也有一部分是从我身上学的，而我自己还不知道呢。"教学相长也"，古人诚不欺我。

为了不打击黄语晏的积极性，我并没有直接指出她在写作习惯上的巨大隐患。有一次，我们读到"小心地忽略掉那些表面的意思，彻底理解原本的旨意"这一段，我们讨论了语言和思想哪个更重要的问题，黄语晏非常坚定地选择了思想，她说那些情节和结构好的故事更加有趣，我就放心了。这就是孩子的巨大潜力，你不需要送佛送到西，只要在他们需要的时候指点一下方向就够了，在教育上，费力的事情往往不讨好。

有篇文章说，世界上没有一种语法足以为人类华丽精巧的语言提供足够自由的表达方式——所以我们才会尝试像黄语晏这样的处理方式，用大量描述性的语言和复杂的句子去描写一些无意义的场景和事物。

语言美当然很好，但结构和思想才是写作的灵魂，理性的逻辑思维在感性的写作当中依然重要。所以黄语晏是将在语言表达上遇到的问题代偿性地转化到了文字表达上，她的故事，在逻辑和结构上并没有真正超出这个年纪的水平。

这倒不是因为她没有构筑一个故事的能力，而是她误以为通过文字的堆叠能够绕开故事结构的设计。我在读完她的故事后，会一再追问情节之间的关联，强迫她离开"安全区"，口头构建一个真正的故事结构。这么做显然遭到了黄语晏的讨厌，有时我自己也忍不住想笑，但当我发现她应对我的这种追问越来越自如后，我觉得这些都是值得的。

因为文字不是我们最初获取和传递信息的方式，所以我们总是用不好，你去问一百个小学生，一百个小学生他们都会说最害怕写作文。人类最初是通过用耳朵聆听的方式来接收语言的，后来开始用眼睛看，即借助阅读的方式来学习语言——这是在语言之上又加了一重编辑和解读，显然就要比听困难多了。阅读不仅比听觉更慢，而且，如果把书面语和口语相比较，就如同将植物标本和一个巨大的花园相比，是缺少了很多有效信息和生命活力的。

在发明文字之前，语言就已经存在很久了。当词汇从我们嘴里说出来时，充满了各种鲜活的颜色，将每一个人生动的个性表达得淋漓尽致，也是人类群居能力最完美的体现，而书本是不带什么人情味的，它所承载的内容是偏于理性的，它所传递的知识都是经过二次加工的——这也是为什么柏拉图曾指责亚里士多德，说他只是个读者，是从其他人的创作中提取观点并未拿出自己的理论的。

对待语言的正确态度，应该是"像端着来复枪说话，字字像子弹般掷地有声，而不是举着水管，滔滔不绝却全是水"，文字更是如此。有研究说，在智力活动的很多领域，我们对自己的思维修改、重建的次数越多，想法的最终表达被抑制的时间就越长。当然，如果我们带着从其他领域得来的新领悟重新审视这个想法，重新审视的次数越多，这个想法就越能让他人理解得清楚和透彻，因为被重新审视的次数越多，这个想法就越能通过准确的语言表达出来，这就是"成熟的语言"。黄语晏现在缺乏耐心去形成成熟的语言，背后的隐患是她也同样拒绝成熟的思维，这会最终导致思维的退化，这才是轻率使用语言文字的最可怕之处。

还有一个有趣的现象，就是大部分学生都有两种不同的语言风格，一种是在课堂上使用的拿腔拿调、不自然的语言，另一种是属于他们自己的轻松、自由、自然的生活语言。这两种语言通常互不相干也互不影响。

青少年还有一种趋势，就是希望拥有自己的语言，通过自己创造的词汇在同龄人间的流通范围来判断自己在圈子里的地位，或者判断对方是否是自己这个圈子里的同伴。他们希望通过语言的陌生感把刻板的成年人和缺乏个

性的同龄人排除在圈子之外，更不要说通过语言和词汇巩固自己在圈子里的地位了。

我们大多有过私下故意练习说脏话的经历，其实也没有什么地方能用得着，想来只是拿来中和一下那些拿腔拿调、过分清洁的语言环境。因此我总觉得，在对待孩子说脏话的问题上，我们还是可以再放宽一点底线的，那种用来泄愤和骂人的脏话是我们不能接受的，但是要承认脏话这种语言的力量，你不了解使用它的含义，就不会懂得它伤害别人的方式和程度，同样也就不懂得人际交往的底线，这是我个人的一点看法。

符号的符号

关于我为什么要这样大力鼓励黄语晏阅读和书写，是因为我相信读书确实可以开阔视野，而书写更是打开思维无限可能性的钥匙，尽管我们对文字的掌控还十分生疏。

我曾经读过一篇文章，说人类创造了符号以记忆更完整的世界。符号有天生的非物质性，但它也是客观存在的，比如说"爱"这个符号，它不是物品，但你不会说它"不存在"。

符号大大地扩展了人类的活动区域和思维空间。人类通常"臂展不会超过2米，活动半径不会超过30公里，如人一般大小的物体，2公里之外就看不见了，20~20 000赫兹是人听力的界限"，人要想扩大生活范围，必须通过符号。

人类的符号能够形成完整的体系而不是像动物标定地盘的那种零散片段，是因为我们发现：既然可以有符号，就可以有符号的符号，比如说创造出了符号10来代表10个1。符号的符号的出现，就是文化产生的标志。

而人类创造的最精妙复杂的"符号的符号"就是语言文字，如今已被世界上超过50亿人所掌握。语言文字这个符号系统能够打破逻辑的顺序、感觉的界限而自由穿行，甚至达到了"乱伦"的境界。符号系统厉害的地方在于，它可以把人带到人永远无法抵达的地方。亚里士多德说："书写能抒发人类灵魂深处的伤感。"这个"灵魂深处"，你如果不借助符号系统，你是去不了的。在符号的协助下，智人的分别术慢慢达到了神经远远无法感知的极限复杂程度，于是便有了"格物致知"。

同理，既然可以有符号的符号，那就可以有符号的符号的符号。王国维说"诗之境阔，词之言长"，说的不是词比诗长，而是词带来的联想效果要更加悠长深远。这是因为词是一种在编码之上再编码的文体。它往往不客观地描写一个场面，而是先说感官上的认识，这是第一重编码；刻画这种感受是为了表现人物的一种心境，这是第二重编码；读者感受到这种编码，会产生另外的情绪，这就是第三重编码。反复地编辑符号能够记录产生的大量信息，这就是我们智力发展的基础。

掌握了阅读技巧，就能够由高层次的符号回归到本初的符号，进而回归到感受本身。所以如果想要真正学会这种思维方式，就要依靠写作，学习将原始的感受一层一层编辑在符号上，不断扩大符号的范围和内容，这样才有可能还原出一个信息丰富的世界。不管是音乐、绘画、物理、医学，想要真正去深入学习，都离不开这种编辑与还原的能力，所以孩子在写作上花费时间将绝不只是在文学方面的成功和收获。

新闻语言

尽管我急于调整黄语晏的写作方式，但为了确保她对生活的热爱，我还是减少了她的阅读时间。但我也稍微地干预了她的阅读结构，减少了浪漫和探险文学的阅读，同时还让她开始尝试一种新的写作类型：新闻。我个人认为新闻只是一种记录和传递，是不需要特别去练习的，但一个偶然的机会让我觉得新闻写作在写作中也是有其价值的。

黄语晏的社会学作业要求她们做一份报纸，根据任何一条新闻都可以。黄

语晏将根据这条新闻写几篇不同侧重点的文章，来支撑她的整张报纸。我们在讨论什么样的新闻是好新闻的时候，我欣喜地发现她更关注新闻的整体背景意义、新闻的社会价值，而不是如何把这篇新闻简单地进行缩写，我想香港的社会学教育还是很不错的。

为了引起黄语晏的兴趣，我选了一条看起来不那么高级的新闻，大意是讲，有传言说台湾芒果是从棺材里长出来的，所以特别甜。

这的确是一条严肃新闻，也是比较另类的。这种比较惊悚的故事能够引起她的兴趣，但她本能地选择了一些非常好的侧重点——由此也可以看出，人的审美趣味并不是从来就低下的，可能是由于生活压力等因素造成的。

黄语晏选取的几个点分别是：这种传言对台湾农民造成的不良影响，棺材里长出的水果怎么可能特别甜美好吃，吃棺材里长出的东西有什么样的伦理问题——可以说科学、经济、社会各个方面都谈到了，一开始黄先生对我们的选题也是挺有疑虑的，在看过黄语晏的作品后又怀疑这不是出自一个11岁孩子之手，是我捉刀代笔的，结果黄语晏丝毫没有被打击到，反而洋洋得意。

我不大喜欢看新闻，因为除了时政新闻总是在说我们这个社会有多好之外，都市新闻都是在说我们的社会有什么问题。当然也有很多暖心报道，比如说消防员救下了小孩儿，比如说新的大楼或者大桥落成，都是很有价值和充满正能量的新闻。但是新闻的一个很重要的社会价值就在于引发反思，促进社会问题的解决。这一类的新闻往往就不是那么美好了，你会发现生活中到处都是问题，到处都是需要帮助的人，到处都是需要矫正的失衡。在阅读新闻的同时，黄语晏产生了强烈的想要为弱者发声的想法，表现出强烈的同情心和同理心。当然我也无意把她塑造成一个圣母，能够不畏权势、不随波逐流，保持公正客观就已经很难得了。黄语晏本身是一个不算强势的孩子，她能够理解那些弱者的处境，理解不公平带给别人的伤害。在她升入中学后的一年里，她已经成了年级里公平公正的代表，同学们有什么解决不了的矛盾都会请黄语晏来评理。

而此时，她也从新闻作品中感受到了一种规范、客观的语言风格，这同她从前写作当中天马行空、浪漫自由的语言风格是极为不同的，这对于帮助她理清事情的逻辑，锻炼对符号的掌握控制能力都有好处。

青春期的帆布鞋

我觉得人不能永远依靠别人给你的爱戴活着，那样一定会坐吃山空，我必须不断进步才能维系住这份爱戴。我很喜欢穿耐克的空军一号，但是最近都不能再穿了。我面试的时候，提到过"脚医生"的事：两个孩子因为从小就穿保护性很好的鞋子，所以脚部肌肉比较弱，发展也不够均衡，医生让她们开始穿一些比较单薄的鞋子。但是由于两个孩子太喜欢我了，我穿什么她们就要穿什么，所以为了她们的健康，我也要开始穿一些鞋底比较薄的帆布鞋了。

果然，差不多一周，有一天回家换鞋的时候，黄语旗傻笑着说："你看miran的鞋子。"语晏问："你为什么穿（这个）？"我说："因为好看啊，而且舒服。"仅仅是这样说的话，硬销的痕迹还是太重，所以我又故意说了这鞋的问题，"但是我觉得你们两个还太小，还不适合穿这种鞋子，等你们长大一点，也可以让妈妈帮你们买这种鞋子。"有时候半推半就也是销售的技巧。

孩子最忌讳别人说他太小所以不能做什么什么或者等你长大了就可以怎样怎样，语晏果然不服，说："我的脚医生说我应该穿这种鞋子。"

第二天是周六，我休息，周日的中午我再来俱乐部吃饭的时候，一进门我就看见玄关有一双帆布鞋。坐在楼梯上换鞋的时候，黄语旗懦懦地说："miran你看姐姐的鞋子！"我假装惊讶，说："哇哦，你也有这种鞋子！"黄语旗说："Look at you!like a teenager……"就情商来说，黄语旗总是能找准别人的弱点或者兴奋点一击即中，哄你的时候你会爱上她，气你的时候你要强忍着掐死她的冲动。

这次她找到了11岁孩子的心事：她们对自己的定位很尴尬，既不希望被看成小屁孩儿，又羞于承认自己是青少年。黄语晏偷偷在网上查过无数次，究竟

青春期的孩子是怎样看待世界的，自己的痛苦和烦恼又是不是每一个孩子都要经历的——她的朋友不多，所以就更难以互相答疑解惑，这也是我强迫她去交朋友的原因，你总是会在某个时刻需要来自同龄人的支持。

黄语晏为自己跻身于青少年的行列感到兴奋，努力绷住脸上的笑意。虽然我一开始只是为了让她穿薄一点的鞋子，但是因为语旗的帮助，意外地打开了青春期课题的大门。

随着年龄的增长，孩子对成年人产生了新的兴趣，渴望被人当成大人对待，想要为自己将来的人生制订计划，对来自成年人的赞扬或批评也变得更加敏感，他们的情绪变化是非常容易确认的：血管扩张，变得更加容易脸红。一些新的感受和情绪也出现了：开始在意自己存在的价值和社会对自己的评价，开始极度缺乏自信却又对自己的潜能非常自负。内心恢复了对大自然的热爱：不是小时候那种崇敬，而是更多地想要参与，保护弱小，展示实力。对音乐产生了一种全新的、触及灵魂的感受力：能够听出音乐中的情绪，有时会循环播放一首歌并为之哭泣——一个人在青春期时听的音乐会影响他一生的音乐选择，因为这是一个感受全面打开的时期，他们从未如此清晰和感性地感受世界。

本来相对于黄语旗，黄语晏的语言能力和年龄优势都是十分明显的，但在这一个阶段，她甚至不如她7岁的妹妹能言善辩——这不是思维出现了问题，而是因为语言的发展没有赶上思维的发展，她对自己的表达水平有一个很高的预期，但实际上并不能够达到，所以她会很容易紧张和愤怒，导致表达水平甚至不如以前。

而黄语旗处在一个天不怕地不怕的表达时期，这种反差令黄语晏感到压力倍增，这大概也是不同年龄的孩子一起成长的少数几个缺陷之一了——所以在姐妹俩的争执中我倾向于稍微偏袒黄语晏，帮助她自圆其说，鼓励她以妹妹不擅长的文字形式记录情感和想法，反过来也给妹妹一点语言表达上的压力，通过这些方法，让她顺利度过这个语言表达的尴尬期。

青春期的孩子，可塑性正处于巅峰时期，而表达能力却处于发展低谷，常常张口结舌、表达不清，所以我初见黄语晏的时候，深深地理解她的沉默并不是一种敌意，而是一个阶段性的必然，她也因为我给予她的理解而很快接受了我。

缺失的美感和自信

现在很多人开始探讨并认为，美感这类东西，必须在一些附属功能还没有相对停滞之前就开始发展，而不是可以等到他们考上大学，时间没那么紧张时再补上。

在大多数的教育思想之下，青春期就是一个充满着各种浪费的时期。这种浪费不只是青少年对自己天赋的浪费，更是成年人的不当教育对青春期造成的浪费。我们让孩子坐在一个封闭的空间里，在常规条件下学习一本书，让笔、舌头与眼睛联合起来完成这个活动——这种方式是对附属肌肉的过度刺激，会导致大肌肉的发育受到阻碍，换句话说就是会使孩子变得更加羸弱和不协调。叔本华说，人的性格特征，三分之一由智力，三分之二由意志组成。而人类所有意志的执行，都需要肌肉的协助，性格本身也可以被定义为由一系列活动习惯所组成的特征群，所以有人指出，肌肉发育不健全的人，性格发育也不会太完善。

说回到艺术。四五岁的孩子，兴趣很可能是完成一幅自己想要的画，他们画的是存在于自己脑子里的东西，而不是对眼前所见之物的简单复制，是尝试用最大胆的线条来表现这个世界的万事万物——这也是为什么我们逐渐发现，那些最伟大的画作往往更像儿童的手笔，这种对具象世界的无限抽象能力，才是艺术的核心。

黄语晏也会画一些水墨画。水墨画的一个局限性是，开始的时候并不会教你如何画人像，而是从动物、植物开始，慢慢地可以画一些风景，最后看情

况决定是否学习人像。所以黄语旗并没有学过人像，她就以动物折射内心的感受。比如她画的熊猫，有怀抱很多竹子的——她希望自己想要的东西都能够得到，比如说糖果、奶酪。还有熊猫全家在草地上行走的——儿童画的主题很重要的一个就是家庭，黄语旗不会画人物，于是就用熊猫代指自己的家庭。此外还有金鱼、青蛙，往往也都是反映她的这种愿望：全家人在一起，有充足的食物。

其实，即使不是用来表达感受，我们也应该在鉴赏力刚刚开始萌芽的阶段就让儿童接触一些杰出的名画，并引导他们去感受这些作品的主旨，以此刺激他们的品位。这是青少年的接受能力和想象力最强的时期，他们的求知欲与好奇心处于一种癫狂状态，会全面打开所有的感官来感知世界。大部分有创造力的画家都会在20岁之前完成对文学作品中最宏大场景的探索，尝试去实现那些最激动人心的理想，这是传说、神话及其他各种知识的充盈给艺术创作创造的条件。

此外，我们也可以，并且应该在艺术欣赏中激发青少年追求形体美的热情。像雕塑那样，身体各个部位都充满美感。形体之美代表的是现实中的均衡，肌肉之间、肌肉与思想之间互相协调，这便才有了完美的躯体，所以以柏拉图为代表的哲学家们对人体之美一向是大加推崇的。这种对形体之美的赞美未来可能会为青少年打开一扇哲学之门，使他们沿着美的阶梯拾级而上，最终发现理想中的精神之美和灵魂之美。

我的手机桌面是一张十几个顶级超模身着运动内衣的合影。有一天黄语旗玩我的手机时无意中看到了，当时她的反应我有点儿担心，因为她说看着好恶心，然后又总是忍不住反复来看。

我想，一部分原因应该是小朋友很少看到这样裸露较多肌肤的画面，并且超模和她们在海边看到过的那些又不大一样，一定是更有视觉冲击力的。另一部分原因大概就是黄先生或者她们的中文老师的问题了：在我们的传统思维里，总是掩饰对人体美感的向往和赞美，久而久之好像对外在形体美感的追求变成了一件羞耻下流的事情。

此后，我坚持没有更换手机桌面，也不对她们看我手机里这些图片做任何反应，有时候我会跟她们一起看，然后感叹真美啊，我也希望变成那样，然后说一说我所做的努力，比如说过午不食，比如说坚持跑步。我希望她们在一种平常的心态下来审视这些美好的躯体，对照自己有什么不足，有什么和模特一样美好的地方。现在见到的是女性身体，将来看到一些男性身体的时候也一样能以一种健康、审美的眼光去欣赏，我想这在将来她们处理两性关系时就会很有价值了。

我知道不少男孩子在看到这些健美的形象时，也常常会感到害羞，不能以一种审美的态度去欣赏，女性就更加严重。因为女性被夫权、父权社会压抑久了，也会常常自我矮化——有些女性甚至会为自己的身体太过于性感而感到羞愧，这不是很可怜也很可笑吗？

几乎所有人在童年都被认为是不自信的，其实这个判断是更加打击孩子的自信心的，所以我希望让黄语晏、黄语旗明白，不自信是人类的共同特点，不是什么缺点，只不过我们需要克服一下不自信的问题，更好地完成任务。

大部分人不自信的原因是处理外界问题时感到力不从心。当原始的人们出去打猎，面对凶猛的野兽时他要权衡自己的胜算有几成——他时刻关注着野兽的信息：速度、力量和性情暴烈程度等，然后与己方力量进行对比：一旦感觉到自己胜算不大，就退缩了，这是生存之道，也是不自信的来源。比如，藏獒性格勇猛刚毅，骁勇善战，无论对手有多强大都有胜算，所以从某种程度上来说，藏獒在面对冲突时显得就要比泰迪"自信"。所以，不自信是一种理智分析下的正常感受，不是纯粹的不相信自己，而是自身的能力无法与预期相匹配导致的。

也可以自豪地讲，"不自信"的基因是祖先留给我们的生存武器。不自信的情绪向我们发出警报，让我们回避猛兽——留得青山在不怕没柴烧，所以人类基因才得以延续至今。而那些不知权衡利弊、无所畏惧的一根筋的莽汉，大多

已经被野兽吃掉，断了自己基因传递的可能。所以说，不自信心理首先是一种自保机制，一种防御机制，所以我们绝不需要为不自信而感到羞愧。

然而，人类已经步入文明时代，我们已经不大会因为冒险和失败送命了。这就造成了一个认识与现实的裂缝：基于原始社会的野蛮环境而建立的"不自信"的情绪机制可能已经不再适用于当下的文明社会。而当下我们的行动阈值却仍旧深受几百万年进化的影响，从而做出不合时宜的情绪反应。这就让"提倡人人都该更加自信"成了永恒的话题。

不自信给现代人最大的伤害就是容易把注意力转向内部，随后下意识地停滞与外界的健康互动，仅在内部进行过多的自我反省，不幸的是，这于改变现状是毫无益处的。我们都有过这样的经验：通过调整情绪变得更加自信。

既然已经知道不自信不是一种缺点，只是一种古老基因的表达，那么当务之急就不是指出孩子不自信的问题了，而是让他们明白，过度的不自信情绪于文明社会是不合理的，要想办法建立新的、符合文明社会的"风险阈值"情绪机制，明白失败没有什么可怕的，并不会送命。

此外，应对不自信的最好办法就是要提高自己的能力：我们感到自信的时候往往是准备充分、游刃有余地处理问题的时候。所以当然解决自信问题的方法是提升素质和能力，而不是鸡汤或鸡血地告诉自己你是最棒的。当你变成藏獒，面对泰迪的时候就没有什么理由不自信了。

社交任务

比提升能力更加困难的，大概就是调节情绪了。因为即使思想是自己的，有时候我们依然控制不了诸如不自信这样的负能量。对于心理活动控制的前提是将注意力分配到需要控制的活动上。然而实验证明，由于注意资源有限，有些心理活动并不会分配注意而是自动完成——绝大多数的认知活动都是这种自发类型。

当然，这也并不是一个绝对不可操控的过程，我们还是有可能从思维方式上解决它的。

黄语晏上中学了。最大的挑战，除了中文水平，还有她易害羞和不自信的性格。在小学的时候，周围的同学都是从同一个幼稚园一起升上来的，他们从三四岁的时候就认识，升上小学后，班级虽然打乱了，但满学校都是认识的人，也就不需要特别地去交朋友了——这是"一条龙"国际学校的一个缺陷：孩子丧失了不断结交新关系的需求和能力。黄语晏除了要好的ELISA和一两个可以交流的男生朋友，几乎就没有别的固定关系了。Sara不止一次提出担心：黄语晏就连吃午饭的时候都是一个人躲在图书馆吃。我告诉她这是一个比较普遍的现象，不要太担心，还有一些孩子宁愿在厕所隔间里吃。

就我的观察，黄语晏没有任何明显地让人讨厌的性格和习惯，有些小的个性都是在可接受范围内的，更多时候她甚至是非常温柔贴心和有公信力的：她能够长期承担照顾班上的仓鼠的责任，在同学发生争执的时候也能够公正地指出他们的问题，所以我知道对语晏来说，最难的部分其实是自己。

开始我会找机会和语晏聊对中学生活的憧憬。我说你读中学以后会变得越来越忙，那你的朋友怎么办。她说她的朋友"只有Elisa一个，她已经回法国读书了，所以，无所谓"。

我说："不是啊，所有从Kings考进来的同学都是你的朋友啊，还有你进到学校以后，遇到的第一个人，第一个帮助你的人，第一个跟你讲话的男同学，他们都将是你的朋友。"她停下手里的事情，眼睛里有一点期待——其实她也是希望有更多的朋友的，有很多青少年的问题在网络上是没有答案的，只有通过拥有相似经历的青少年之间的交流才有可能得到答案。只是她觉得没有的话也不会死，所以不愿踏出第一步。

她说："可是我太害羞。"

我说："没关系啊……除了Kings的4个同学，没有人知道你从前是什么样的人，而且大家都是第一天进学校，都很紧张，都是一样害羞，你并不是特别明

显的。如果你能先去跟他们讲话，他们会感谢你的主动，因为他们也迫切需要朋友，而你帮助他们解决了这个问题。"

她有点儿犹豫，说："可是我不知道该说什么。"

我说："说什么都可以啊，比如说'嗨，你好，我叫黄语晏，我从Kings来，你呢？我平常喜欢读书、曲棍球，你呢？我们可以一起玩'之类的，然后你们就可以一直聊下去了。"

这不是简单地去背一段开场白，而是一种思维方式的改变，那就是不要只关注自己是不完美的，了解对方也和自己一样是不完美的，也不要试图掩盖自己的缺点，以一个完美的姿态出现。不完美才是常态。

我说："这样吧，我给你一些任务，完成一项就画个勾，都画完之后，我可以给你一些奖励。比如我可以不再看着你每天都上中文网了，你一周上一次就行，我可以跟妈妈说你功课太多，没有时间做这些。"——中文网是香港学校要求每个中小学生必须做的中文练习，对于他们来说很难，而且全港学生进行实时排名，压力真的很大。这个诱惑太大了，将使她的整个周末生活从万恶的中文网中解放出来，于是她果断同意了。

具体的任务是这样的：第一天上学，要跟在班上遇到的第一个女同学说话，回来后要告诉我她的名字；第二天，要跟一个男孩子说话，同样要告诉我他的名字；第三天，要跟一个高年级的学生说话；第四天，要跟一个校车上的同学说话。其他的诸如要不要一起吃午饭，要不要去她的班级找她玩儿，那就你们自己定，我就不要求了。

后来因为我自己功课也太忙，竟然把这个约定给忘了，也没有关注她画没画勾，但有一天我们的车和校车一起回来，隔着车窗我看到黄语晏和一个女孩子在车的后排打闹，没有系安全带，回家以后削了她一顿，虽然我没有刻意提她交到新朋友的事情——Kings升到CIS的学生中，没有和我们住在一起的，可见这是一个新的朋友。我想她已经乐在其中了，这时候再提醒她这是一个目的明确的任务，太煞风景了，不过我后来真的没有再要求她每天做中文网的功课了。

电影中的女权主义

我们周末上课的主要内容，除了去俱乐部吃饭，练习真正的生活口语，还有就是看电影。有很多中文电影是不错的，台词好、剧情好，但是黄先生自己也是只能看英文字幕的，所以有很多语言梗、文化梗他就get不到，更不要说两个小朋友了。因此我的一个很重要的任务，就是在电影过程中不断暂停，解答、解释。有些黄先生和Sara可以看懂的部分他们也没有时间和两个孩子分享，而且同样的话，如果来自长辈，孩子们往往不愿意听。

黄语旗最喜欢孙悟空，《西游记》的一切周边她都愿意看。她不想当众唱歌，尤其不想唱中文歌，但你只要教她《西游记》的歌她都会很着迷；她不愿意读书，但你只要给她读一遍《西游记》，只要一遍，她就几乎可以一字不差地背出来——小朋友的脑容量是很惊人的，我过了好久才知道，为什么每次我让她读书之前她都一定要我先读一次，她是听我读一次然后就背下来了，其实并没有认真在记那些汉字的写法和读音。我记得杨绛的《我们仨》里也讲道，钱瑗小时候认字是反着认的，因为别人给她读书的时候，她坐在对面，看到的是反着的字，所以她只认识反着的字。所以过目不忘是客观存在的，只要孩子有兴趣。

黄语晏喜欢《红楼梦》《白蛇传》这一类感情比较细腻的故事，所以我猜测她差不多也到了情窦初开的年龄——很有可能她暂时还没有一个确定的对象，只是在判断自己将来要不要找一个对象去谈恋爱，或者找一个什么样的人。

但是这个世界的道理，是劣币驱逐良币——因为黄语旗的水平比较低，所以我们只能迁就黄语旗的水平和兴趣，去看一些《西游记》相关的电影，而且这些黄语旗可以连续看一百遍。

因为需要不断暂停来说话和讨论，所以看电影是我一周里最累的时刻。她们两个会轮番地闹，轮番地提问，我既要迅速想答案，还要时刻注意平衡回答

她们两个的问题是否一样多，如果一直回答一个人的问题，或者两个人一起提问时我先回答了其中一个人的问题，另一个人就会感到被忽视了，然后还没等电影看完两个人就会打起来。

她们两个的品位最最接近的时候，是看公主电影的时候。其中最喜欢的是最新上映的《冰雪奇缘》，这是她们两个最喜欢的公主。我已经陪着她们看了不下三次，她们单独看的次数可能更多。

这种出奇一致的品位，不仅仅是因为《冰雪奇缘》是最新上映的，而是这一次的公主形象，可能是最符合她们的价值观的。

迪士尼的公主系列是非常有意思的，有一篇文章叫《八十年后，王子终于露出了真实嘴脸——从迪士尼公主电影看女权主义的发展》，讲从1937年第一部公主电影《白雪公主与七个小矮人》问世到2013年《冰雪奇缘》热卖，十二部公主电影，跨越了将近80年的时间，这些影片虽然没有故事上的连续性，但仍有一条清晰可见的线索：女权主义的发展和女性地位的提升。

尽管很多孩子甚至都还不知道"女权"这个词，但不要惊讶，如今的孩子已经不喜欢白雪公主、灰姑娘和睡美人这类毫无女权意识的无脑公主了。

白雪公主最大的问题是没有表现出任何反抗或独立精神，只是躺在棺材里等待被王子吻醒，自始至终处于完全被动的状态，甚至她的主打歌 *Someday my prince will come*（《总有一天我的王子会出现》）都充满了盲目乐观和消极等待的心态。

1959年，在莫斯科的美国国家博览会上，时任美国副总统的尼克松和前苏联总理赫鲁晓夫进行了一场奇怪的辩论。尼克松吹嘘新出现的家用电器如何解放了美国的女性，让她们可以花更多的时间增进魅力、教育孩子。赫鲁晓夫反击称在苏联家庭主妇一点儿用没有，他们的女人都在忙着建设社会主义工业现代化呢。这次会面后，美国媒体开始大力抨击社会主义国家，说他们的女人如何早早就失去了女性魅力，变成了一个个只会做苦力的男人婆，而美国的女性却优雅地享受着她们的女性身份，同时有充足的时间相夫教子——哪种才是真正尊重女性的社会形态？其实答案很简单，那就是能够自由选择是做一个"富有女人味儿"的家庭主妇还是一个独当一面的职业女性。每个人都能够不受社会的限制而自主选择发展方向才是这个社会真正实现性别平等的标志。

在以前的公主电影中，女权主义元素均以反面角色出现：白雪公主的邪恶皇后，灰姑娘的变态后妈，睡美人的魔鬼教母（还会变身喷火巨龙）——她们不切实际的邪恶，是公主们不切实际的善良的另一个极端。这些女性反派们，是男权社会对于有能力的女性存在的普遍偏见：女人对权力充满了欲望，就是邪恶了。

随着女性运动进入一个新的阶段，此后一段时期的公主不再是做作死板的高大全形象，而是像凡人一样，有小缺点、小毛病。1991年出现的美女贝儿（《美女与野兽》）开始读书——读书历来是男权社会中男性独享的特权，也是男性获得权力的基石。

《花木兰》中，女性在男权社会中的地位已经作为电影的主要矛盾出现。最终花木兰她爹对她说："花家最大的荣耀，就是有你这么一个女儿。"

由于生理决定的社会角色，女性如果想要有自己的事业，往往就要放弃婚姻生活；女性孕育新生命，所以男权社会往往将抚养子女的责任也定义为女性的天职。所以一些具有女性意识的女孩在成长过程中眼见着母亲为了家庭放弃事业和理想，在长大后会因害怕重蹈其覆辙，而选择完全放弃家庭生活，后期的公主电影中，已经很少以"公主和王子过着幸福快乐的生活"来结尾了，相信今后也还会有更多的单身公主出现。

黄语晏、黄语旗都有这样的困惑：是不是我们非得结婚。

我时常羡慕这些出生于21世纪的女性，她们拥有和男性同等的权益和机遇，更重要的是，她们有足够的自信，去问自己这些问题：我是谁，我想要什么。婚姻和家庭在女性生活中变得不那么重要了，或者说，变得不那么紧迫了。女性可以和男性一样，按照自己的意愿选择何时，甚至要不要迈入婚姻生活，以及要不要生养后代。女性终于意识到，长久以来压制女性解放的，不是

别人，正是她们的兄弟、父亲、丈夫、儿子。

比如语晏开始面对恋爱的苦恼。下午茶的时候，我们有时会讨论恋爱和结婚。Sara说黄语旗一直觉得爸爸和狗或者玩具一样，是从商店里买来的，她也会开始比较和思考，自己以后去哪里买一个丈夫更划算。所以有一天语旗很认真地问，"妈妈，你在哪里买的丈夫？"黄先生当时就喷出一口咖啡。Sara忍着笑说"在丈夫商店买的，你觉得怎么样？想换一个？"语旗说："多少钱？如果很贵，就应该换一个。"——她的意思是爸爸比较凑合，如果便宜就留下，如果太贵，就不值了，应该换掉。全家笑翻在地。

所以你看，女权是随着时代发展的，一个时代有一个时代的需求，一个时代有一个时代的局限。21世纪出生的女孩不需要去刻意培养，她们是天生的女权斗士。

第五章 家庭阵线

jia ting zhen xian

冬天的午餐

今年的冬天不知道是哪里来的寒流，香港又额外地低了5度左右，这也是我第一次见到Sara震怒。

在北方城市，降温10~20度都是常有的事，但是香港人准备不足，夜间温度只有5度时冻死过人。学校显然也准备不足。Kings是名校，但是坏也坏在是名校，地处寸土寸金的九龙塘，因此就没有地方盖餐厅。教室里又不能吃东西，所以孩子们的午餐一般是随便找地方吃，大部分在操场旁边的空地上，黄语晏一般独自在图书馆里吃。

孩子们的午餐是从家里带来的，一般没有热食，以三明治居多，但是有热汤，方便，孩子们也自由。可是今年不同了，这个气温要在室外吃一顿凉的午餐，挑战还是很大的。

Sara曾向我抱怨过，离开爱尔兰是因为爱尔兰冷，没想到来到香港发现香港更冷，而且冬天的时候连房间里也不暖和，整个冬天手脚都是冰凉的，我说可不是么，北京就够冷了，到了香港才知道北京的寒冷可以忍受。结果她一摸我的手也一样冰凉，我们两个"苦寒之地"来的人都乐了。

大人可以忍，孩子怎么忍？所以，虽然两姐妹都很坚强地挺着什么也没说，但是Sara愤怒了。有一天Sara特地去学校，郑重地向校长提出午餐不能再在户外吃了，否则要向教育局抗议——教育局就在学校不远处，步行就能到，一点儿也不麻烦。当然Sara也不是要求学校马上盖个餐厅出来，但是总可以开放教室吃饭吧。

果然第二天开始，校长宣布气温回暖之前可以在教室里吃午餐。孩子们都很兴奋，因为他们的教室都是整面落地窗的，可惜平时连窗帘都很少打开，现在不仅可以在教室里一起吃午饭，还可以在午餐时间打开窗帘看外面的风景，至少这一个冬天他们不会闷了。

黄语晏回到家告诉我们学校突然通知可以在室内吃午餐了，下午教室里都是各种食物的味道，很好笑。他们还互相交换了午餐，并且觉得我们家的饭在班上排名不大乐观，需要想办法提高一下，Sara敷衍地说："哦，是吗？我们会研究这个问题。"

能一起吃饭也为像黄语晏这样害羞的孩子打开社交局面提供了帮助。然而黄语晏自己却不知道这是妈妈去向学校抗议的结果。有时父母的爱是一把大伞，在你不知道的地方为你遮风挡雨。

密 码

从第一天来这个家，Sara就把门禁的密码告诉了我；AL担心我哪一天不是坐他的车而是自己过去的话会进不了门，所以私下里也告诉过我密码；菲佣每天帮我开门，大概也是嫌麻烦了，也告诉过我密码。但我不管是自己过去，还是我们几个浩浩荡荡地一起回去，我都不会主动按密码。有时候我在车上骂了她们两个，她们两个故意跟我作对不去按密码的时候，我也会按呼叫键叫菲佣来帮我们开门。我有一种客人的自觉。

说到密码，我想起黄语旗的聪明还体现在哪里呢，就是她很快发现并且记住了我手机的密码。我按密码的时候一般会把手机侧过来防止别人看到，但是这个6岁的孩子竟然根据我按键的手势判断数字的相对位置猜到了密码。结果有的时候她通过各种方式拿到我的手机，翻看我的电话、短信、游戏、照片等。我是不怕她看的，但我要教她什么是隐私，即使有能力也不能想看什么就看什么。连续好多天我都任由她开我的手机看我的内容，然后我想她差不多都看过了，没有什么兴趣了，我说："语旗，我没有阻止你这样做，是因为我想你可能真的很想看看我的电话里都存了些什么，但你这样做我真的不是很开心。"

她说："你为什么不开心，如果你不开心你可以告诉我不要这样做啊。"然后我们约定除非我同意，否则她不会再私下看我的手机，就像我除非Sara同

意，否则不会私下按密码进门一样，就是大人尊重大人的那种关系。这时黄语旗才明白为什么有时候她恶作剧不让我进门，我就真的不进去，然后打电话请菲佣帮我开门进去。有时候我们不是不能这么做，而是有一个行为标准让我们不要这样做。后来有好几次黄语旗想要动我的手机，我都假装没看见，大部分时候她也确实都忍住了。

孩子之所以做坏事，通常都是觉得这样做会让你开心，或者至少是不会让你不开心——他们也找不到另外一条更高的标准来判断事实的好坏。如果在他们表现好的时候，我们能够小心地控制自己的情绪，不要表现出过度的高兴和喜爱；当他们做错事时，能够表现得悲伤并流露出轻微的冷淡情绪，正常并善于学习的孩子就会发挥自己的联系能力，然后选择正确的行为方式。我已经深深受过教训了，黄语晏迅速地将我惩罚黄语旗和她自己的歇斯底里联系在一起，结果控制了我好长一段时间，所以永远不要怀疑孩子的观察能力和分析能力，大部分时候傻乎乎被利用的是我们这些成年人，放心大胆地去实施就可以了。

如果我们对孩子的爱足够深刻，那么对他们而言，对我们的服从即使不是一种宗教似的信仰，也会成为一种本能。

升学面试

在黄语晏准备期末考试期间，黄先生找我谈了一次。黄语旗面临升学，期末考试已经不重要了，他希望我们放弃准备期末考试，开始准备升学面试。我说想要短时间内提高面试成功的概率——注意不是能力，不是绝对没有办法的，首先我得知道面试是什么流程，还有就是面试曾经问过哪些问题，我需要找个基准线。

黄先生听我这么说很高兴，说没有问题，他已经跟Kings的校长沟通过了，校长会提供一些这些学校的面试风格和高频问题等信息。然后我们大致确定了一下时间表。也达成了共识：不能一开始就很明确地告诉黄语晏我们有这样一个工作计划，因为有很多孩子不愿意参与的工作其实本身并没有多难，他只是过不了心理关，一是怕可能会很难，二是不愿意和家长合作，那样会显得自己很没有主见。但是如果一开始就让他们不知不觉地参与进来，他觉得：哦，也没什么可怕的，也挺有意思的，也就可以欣然接受了。

　　所以我又一次在语晏做功课的时候跟她聊天。我说："你知道吗，你爸爸让我帮你准备面试，可是我自己也要面试，我也不知道该怎么样回答问题。"

　　她说："你为什么会不知道？"——她觉得我什么都懂。

　　我说："我的老师给了我一些题目，可是是英文的，我读不懂。"

　　她说："我想，我可以帮你读。"——对于自己突然变得重要起来，她感到非常兴奋。

　　于是我就把黄先生给我的面试资料拿出来了。黄先生在有些地方标注了答题要点，黄语晏以为是我的老师标注的，于是也很认真地帮我翻译了出来，然后帮我想答案，我记录。

　　因为她不是在说自己的事情，并没有什么压力，所以思路极其清晰、敏捷，我也真的都帮她记录下来了。等她把所有问题都"替"我回答好，我说："其实你的面试也是这样的问题，但是你看你全部都能找到答案，你肯定能比我做得好，我真羡慕你。"

　　她虽然很得意，但还是很冷静，说："可是面试的问题问过一次就不会再问了，下次一定是些别的问题。"

　　我说："太对了。但是你有没有想过，校长为什么要问你这些问题。因为这些问题最能很快让他了解你是怎样一个人，所以这些问题都是有结构的，每一个问题会有一些变化，但是不能够脱离这个结构，换句话说我们可以大概猜到他们想问什么。"黄语晏一向对这种解谜游戏非常着迷，对于有可能看穿他人的伎俩更加来了兴趣。

　　黄语晏对于面试的焦虑，不完全是对自身能力的不自信，更多的是担心自己不能表现出自己的真实实力——她对自己中文水平的提升速度还是比较满意的。其实在帮助黄语晏准备面试之前，我自己也是一个非常不善于面试的人。

于是我反思自己的焦虑来源并想办法处理。

首先要帮助黄语晏克服自己的心理障碍——这已经不是我们之前探讨过的自信不自信的问题了，人人都会怯场，其中最大的两个原因是准备不周和得失心太重。我们的准备其实是充分的，因为黄语晏的实力已经提升到可以在这个层面竞争一下了。但面试成功就能够跻身于全香港最好的中学，这个成功的诱惑不可谓不大，因此它带来的压力也是巨大的。得失心已经如此之重，那么我们只能从更加周全的准备入手了。

很多参加面试的人没有意识到，其实听众都是希望你成功的，他们看你的面试，就是希望能听到有趣的、有意义的谈话，看到有意思的人，否则就是浪费时间了。这是我们愿意通过努力练习来寻求成功的基础。

面试官希望从面试中得到的信息，无非是是否具有学习的意愿，是否具有学习的能力，以及是否已经开始学习。所以我们会给他们想要的答案。每天我们会以不同的方式问这几类问题，引导黄语晏从不同的角度思考，究竟哪些事情能够证明自己的这些能力。我惊喜地发现在准备面试的过程中，她变得越来越自信，不是对面试本身，而是对自己的整体素质有了一个比较全面的了解，对于自己的能力能够配得上汉基的认识，使得她更加认真准备。

像这样的反复训练和模拟，属于机械化训练。机械化训练是应试教育的传家宝，但在素质教育中往往是被压抑的。有时正视机械化训练并发挥它的优势会得到意想不到的效果。正如很多虎妈所做的那样，他们认为训练的强度越大越好，时间越多越好——教育青春期的孩子与教育儿童是不同的，不一定要减小他们受到的压力，反而可以去增加这种压力，在锻炼孩子抗压能力的同时激发起一种斗志。而我并不能够做到那样决绝，我绝不能指望黄语晏爱上面试活动，但我还是希望面试活动能够给黄语晏留下一个不错的印象，也希望通过这些面试活动激发起她与人交流的热情。

面试作为一种独特的交流方式，如果说其中有一个最难回答，最体现应试技巧的问题，那一定是"你有什么缺点"——被面试者面临一个平衡，既不能说假话，又不能完全说实话。

我们在面试中，都要避免被贴上任何负面标签，而那些避重就轻的回答又会让人觉得不诚恳，最好的办法就是陈述发生过的事实，而不去自己给自己贴什么标签。

这是因为，每个人对认知客体的心理表征具有不同的抽象程度即解释水平，这种差异是会影响人们的判断与决策的。

比如"剪头发"，低水平解释可能是爱美，而启用高水平解释则更倾向于对事件进行抽象的表述，阐述从事这项活动的意义，比如切断一段关系。高水平解释会加快他人对一个人人格印象的形成，尤其会诱发他们形成刻板印象。

所以我们尽量不要顺着面试者的思路用一个抽象的词概括自己的缺点，以避免启动面试官的高解释水平条件，而是把这个缺点放到一个有情境细节的故事里，进行低解释水平的叙述，使他更多地考虑事情的背景和复杂环境，启动低水平解释，那么这个"缺点"就不再是一个真正的缺点，而是一个可以被理解和接受的选择结果了。

还有，要辩证地理解问题，所有的事情都是过犹不及，优点和缺点是有一个平衡点而且可能会互相转化的。比如计划性强的优点可能会转化为强迫倾向的缺点；比如注重细节的优点可能会转化为没有大局观念的缺点等，所以面试是很有意义的活动，不仅让他人快速认识我们，同时也是一个让我们自己重新认识自己，修正自己的过程。

焦　虑

技术层面的事情都是容易解决的，难点依然在情绪控制上。黄语晏在准备过程中一度也表现出几乎压垮她的焦虑，甚至表示她已经不想参加面试，而是想要随便进入一个不需要面试的差一点的学校去了。这种焦虑情绪使她在那一段时间里不仅没有什么显著的提高，就连以前能够做好的事情也开始慢慢出现问题，自信心受到了极大的挑战，反过来又加剧了升学的焦虑，眼看着就要陷入恶性循环。

　　这时我才发现，除了面试本身带来的压力以外，升学之后的学习生活也是一个巨大的挑战。这同她从Kings的幼稚园直接升入小学是不同的，直升的班级可以帮她保留大部分的同学和人际关系，她遇到任何问题还是可以回到幼稚园去找当时的老师寻求安慰；虽然她的朋友们有些不再在她们班上，但是也只是楼上楼下的区别。而升入中学，则意味着进入完全陌生的环境，换了招牌，换了氛围，就连学校的建筑和装修风格都不一样了，餐厅不在她认为应该在的地方，楼层太高却没有电梯，就像搬新家，似乎做什么都不顺手，这是首当其冲的变化。

　　焦虑和不自信是同源的情绪，但解决方法却截然不同。自信可以通过充分准备来建立，而焦虑则完全来自不良体验，需要一个新的成功模式才能走出焦虑。我们人类产生应对有挑战事情的固有模式是为了不要让事情失去控制，从结果来看，当我们偶尔没有遵守这个模式的时候，事情的结果也往往不好，从反面又强化了我们遵循固定模式。所以要应对焦虑，就要识别自己的应对模式，然后去挑战它，找到反例来打破固有模式。

　　我的导师说他每一次站上讲台都很焦虑紧张——即使他很清楚没有事情有完全的把握。每一场话剧演出都有瑕疵，但这不意味着话剧就应该被电影取代，相反，那些不确定的失误和反应，正是话剧最具魅力的一个特点。很多人，我们以为他们完全没有理由焦虑，但事实是他们也没办法克服这种情绪。他们看起来还比较镇定只是因为他们能够在焦虑的情况下，像不焦虑一样继续行动——学习"带着症状去生活"是一门艺术。

　　其实焦虑是有功能的，就是预知危险，保护自己。只不过这种危险有时是内心世界的，有时是现实世界的；有时是真实的危险，有时是我们记忆中和假想中的。当我们感觉外部世界可能会有一些危险时，自我会发出一个信号，来警戒头脑以保护自己——这个信号就是焦虑。从进化的角度来说，焦虑可以提高人的存活率，还有研究显示，比起完全不焦虑的人，有一定水平焦虑感受的人，工作效率更高，质量也更好。

　　所以有一天当黄语晏再一次顶不住压力想要放弃的时候，我们做了一次长谈。我说："我感觉到你压力很大，非常焦虑，我不知道你的睡眠怎么样，反正我焦虑的时候，会整夜整夜睡不着觉，或者容易惊醒，对什么都没有兴趣，觉得喜欢吃的东西也不好吃了，日子非常难熬。"她愤愤地说："我希望面试马上失败。"我笑了，我说："这很好，你感觉不好说明你很敏锐。""很多人都会有这样的倾向：无视负面的信息，只去看那些满足我们的反馈。但是你看到了事情不好的一面，所以你会感到焦虑。"

尽管我经常跟她们分享一些不那么积极阳光的想法，但是她还是有些意外，在这样重大的事情上我还能够支持她。我告诉她只是快乐地接受对我们利好的信息是非常容易的，当然产生焦虑也是容易的。难的是客观地接受负面信息，然后去想办法做出更好的决策。"你现在已经完成了前面两个步骤，也就是说你已经完成了大部分的工作，现在就面临着最后一步，做出决定，坚持下去，就可以了，我不希望你放弃，但是如果你想放弃我也不会骂你，我可以跟爸爸说你的实力能够进入第二等的学校就已经不错了，不可能进入CIS的。"

听到我"贬低"她的中文实力，黄语晏也没有感到受到伤害，反而有些如释重负的意思，叹了口气说："我还是可以继续和你准备面试，只是如果以后有什么不好的事情，那是你们想要这样的。"

结果黄语晏顺利考入CIS，尽管在分班测试中她只考入倒数第二的班级令黄先生感到不那么满意——人的欲望真是无限的，当初明明就觉得只要能够进入CIS就是无限的荣耀。但是我欣喜地看到，黄语晏最终调整了自己与焦虑情绪的关系，咬着牙坚持到了最后。诗人里尔克说："我们必须全力以赴，同时又不抱任何希望。不管做什么事，都要当它是全世界最重要的一件事，但同时又知道这件事根本无关紧要。"

萨沙和鲍威

鲍威和萨沙是黄语旗、黄语晏家里的两条哈士奇，一个14岁，一个11岁，比这姐妹俩在这个家里的历史都长。鲍威先来的，它很活泼，每天都叼着狗绳

在玄关苦苦等待。菲佣很头疼带它出去玩儿，因为它一出门就疯跑，根本拉不住。香港的天气那么闷热，带它散步绝对是个苦差事，我自己走在路上都感觉要脱水而死了，何况还要被这么个大个子拽着疯跑。

我本来是有一点怕狗的，一开始黄先生也担心如果鲍威不喜欢我的话，我可能就不能够得到这份工作——鲍威个子太大了，如果它不喜欢我的话，我很有可能会受伤。但是谢天谢地，鲍威一见到我就很友好，它在我腿上蹭啊蹭，抬头看着我，那么大又清澈的眼睛我也是第一次见。鲍威喜欢我，全家都很高兴，仿佛命中注定我就应该在这里一样。

萨沙是家里人怕鲍威太孤单所以领养的，可惜后来脑子里长了肿瘤一类的东西，经常会痛，也慢慢变得不大认识人了，有时候它走着走着就会忘了自己刚才是要去哪里，呆呆地站在那里，看起来很落寞。

后来萨沙的病情加重了，甚至住院做手术治疗。那几天，正好黄语晏也因为咳嗽久病不愈住院观察，只剩下黄语旗对着鲍威喋喋不休——鲍威老了，一身的病，没办法出去疯跑了，一天到晚只是睡，根本不搭理黄语旗，菲佣在楼下忙着晚饭，也无暇闲谈，整个家里空空荡荡，安安静静。我去的时候，每每感到家不成家，才知道原来一只狗在家中也是可以重要至此的。

姐姐不在家，没有人分享零食和闲聊，心里又记挂着萨沙的手术，那几天我知道黄语旗也没有心思学习，功课也做得潦草。但我想，该宣泄的时候就该宣泄，没必要一直绷着神经。

所以我也不去开灯，就这么陪着黄语旗用中文闲聊，一方面在无压力的环境下锻炼一下口语；另一方面如果菲佣突然间进来，也不知道我们在说什么，会以为我们在学习，不会去告状。

我坐在地上，黄语旗爬过来躺在我腿上——她很会拉近和别人的距离。她说你知道萨沙怎么了吗？我说不知道。她说萨沙脑子里长了不好的东西，"你看它的眼睛，都不会看着前面的路，爸爸说它有神经病，它有点疯。""但是萨沙没有鲍威勇敢，鲍威有关节炎，还有肾炎，它一直都在睡觉，是因为它很疼。它以前很喜欢跑，现在一天到晚都只能睡觉。"

124

如果在平时，我会仔细地跟她解释神经病不是疯，但是这种时候，我想她的意思我听明白就行了。我说："萨沙可能是病得比较严重，要不然医生也不会要求做手术。萨沙会有危险，有没有回不来的可能呢？有。所以爸爸妈妈都去陪萨沙了。但是明知道可能会回不来，为什么还一定要做呢？因为如果不做的话，萨沙就会一直这么难受，她不知道自己是谁，自己在哪儿，自己在干什么。她已经认不出鲍威和爸爸了，所以爸爸说的神经病不是说萨沙不听话，是萨沙听不了话了。鲍威也是，鲍威比萨沙年纪还要大，实际上鲍威比大多数哈士奇的年纪都要大了，它能够多陪我们这么久，已经很难相信了。那如果有一天，萨沙和鲍威都不在了，不回来了，你也要活下去啊，是不是？"

黄语旗罕见地没有回话，她大概很难想象如果萨沙死掉了会怎么样。我想，难怪密宗会把死亡定义在另外的维度里，他们认为生命只是多维缠绕的空间里的一个平面，更广大的并且未知的空间是由死亡填充的。如果是这样，那么处在低维空间的生命又怎么能够理解处在高维空间的死亡呢。对于小孩子来说，死亡就是这样一种不可名状的事物，倒不一定是不能接受，或许只是单纯的理解不了。

我也想告诉小朋友"没事的，医生一定会救萨沙的"，但是学习如何面对生死离别，难道不是人生的必修课吗？除了生死离别，还要继续活下去的时候，就应该把责任和希望都交给医生、交给他人吗？如果萨沙得救了，每个人都知道要去感激医生，可是反过来如果没有成功，有多少人能够不迁怒于医生呢？这就是因为对生死离别没有系统的认知，当希望坍塌的那一刻，自然就无法面对现实了。

上帝的符号

说到生死，黄语旗虽然只有6岁，但是对这个问题还是有所思考的。

有一天，天气非常好，黄语旗磨蹭着不想做功课，我也昏昏欲睡。她们家住在半山临海的别墅，这时正有游艇从窗前飞驰而过——甚至有的时候还有香

蕉船呼啸而过，这让孩子如何学习？

我知道不管使用什么方法都很难调动她的积极性了，所以我就开门见山地说："黄语旗，你今天写不完功课的话，我这一周都不会给你糖吃。"她"哼"地哀号了一声，头"咚"的一声垂在作业本上。我看了觉得可爱又好笑，但我不能笑，我假装没看见，继续看我的书。她也不吭声，就这么拿头顶着作业本。顶了一会儿，说："我想死。"

我说："你死了，就肯定没有糖吃了哦。"

她说："我可以在我的棺材里放很多糖果在我旁边。"

我说："可是你动不了啊，你怎么吃？"

她说："那我就这样！"然后做了一个闭着眼、张大嘴、两手空握东西（糖）状，我本来就是故作严肃，一下就给逗乐了。但是黄语旗罕见地没有笑。她索性也不再假装做功课了，放下笔凑过来，说："miran，真的有上帝吗？上帝是不是想做什么就做什么，想要什么就有什么？"

我是一个无神论者，但是我记得黄语旗、黄语晏的家人都是有信仰的，所以我也并不急着否定上帝的存在。我说："我没有见过上帝，但我觉得没见过的东西不代表没有，对吗？即使有上帝，他也不会想做什么就做什么，而是什么对我们好，他才做什么。"

她说："那人死了之后可以变成天使到上帝身边吗？"

我说："那要看你是怎样一个人了，并不是每个人死后都可以变成天使的啊，比如说那些伤害别人的人，你会愿意他们变成天使吗？上帝也不会愿意的。"

她说："对，有一个地狱，那些不好的人死后就会去那里。他们会折磨他，惩罚他的。"

"而且，"她继续说，"好的人死掉之后也可以回到喜欢的人身边。外公的猫，外公对它很好，它死掉之后外公很伤心，可是没多久，外公门前就总是有一只别的猫，外公给它吃的它就吃，外公抱它它也不怕。妈妈说，它就是外公的那只猫回来看外公的。"

　　我突然觉得心里很暖。黄语旗的外公是一个科学家，她们两个那么热衷于回爱尔兰，就是因为喜欢外公。母亲不是亲母亲，外公当然也不是亲外公了，但是却能让两个孩子这么爱他，可见血缘关系并不是维系亲情的必要条件。而且，我知道黄语旗在想什么，她在想，如果自己死了，也可以变成小猫小狗之类的回来看外公——外公一定可以认出自己，还会喂她她喜欢吃的东西，而且还不用上学。

　　中国人往往不大喜欢谈论生死，总觉得太伤感。但是我觉得，古人不谈生死，更多的是因为"死生亦大矣"，认为不应该常把生死这样的大事挂在嘴边，并非不敢于正视死亡。黄语旗、黄语晏很快就会面对萨沙和鲍威的离开，也许一年，也许两年。再过一二十年，还会面对外公外婆的离开，这些都是不可避免的，那时，也许已经不需要由我来解答这么困难的问题了。

　　我说："对啊，其实很多人都认为，人死了之后会再回到亲人身边，所以不用害怕，如果有一天你的朋友或者你认识的人死了，可是他们很爱你，那他们也一定会回到你身边的，只不过你看不到而已。"

　　（当我回头看到这些文字的时候，实际上我已得知，在我不在的这两年里，萨沙和鲍威已经相继离世，家里领养了一只新的狗狗；外公几个月前也去世了——黄先生正在洛杉矶处理丧事，所以只有Sara带着两个女孩儿来上海游学。两个人看来都已经坦然面对家庭成员的离开了，只是她们的心灵依然需要一个解释和寄托，但又不愿依赖于宗教，于是将宗教看作是一种幻想或隐喻。这种复杂的情感促使她去编织一个故事，这个故事可能是一种宗教，或者是一种在故事里存在的宗教。）

　　关于上帝或其他一些崇拜对象是怎样出现的，大概也可以从符号的创造来解释。与其他动物不同，人类的记忆术不是简单的记忆，而是依靠符号：抽象，即抽取出基本印象，然后固定。古代中国人认为天和人是合一的，把对自然的认识原样复制到对人的机体的认识上，因此有了经络、气脉等特立独行的中国式玄学解释。我们除了把符号固定在自然上，还把符号固定在人身上，这直接助推了中国人庞大的姓氏家谱、宗族观念及"忠孝仁爱信"等人际道德准

则的形成。

图腾、拜物、神话乃至宗教信仰的产生过程也是类似的。从很早开始，人就把大量的精力投入礼器这种其实并不具有什么实际用途的东西上——礼器的本质就是符号的附着物。最初，人们是为了让符号可见，而选择了一些经久的东西来为符号做衬。后来逐渐演变成对物品本身的尊崇。

我们为什么一定要认为有一个符号可以护佑自己？为什么一定要认为有另外一群人或者一个人创造了自己？这其实都是人脑模仿的需求。

人所有的智力体现，都是从"我"这个核心意识开始的，但这个核心意识又是凭空无意产生的。它确切地明白自己不是身体的一部分，可以把身体跟自己分得很清楚，但分离之后又无所依附，只能固定于自己所创造的符号上。

这种符号的去向有两种：一是向外附着在自然上，被称为"道"；二是向内模仿自己，被称为"神"。所以并不需要刻意去信仰或刻意去回避宗教，如果能够安慰、稳定自己的内心，不管是上帝还是祖先，或者是一个精灵，都是可以施展"神力"来护佑、安慰心灵的。

鲍威的求助与帮助

萨莎的病情还是没有好起来，已经不记得家里的大部分人了，并且显然它从来没有认识过我。它每天就傻乎乎地站在那儿发愣，过一会儿又去别的地方发愣。鲍威神智很清楚，但是风湿病很严重，它太老了，跑不动了，所以遛狗的工作就变得异常轻松——它有时候也试图像年轻时那样飞奔一下，但也只能想一下，更多的时间它就在各种各样的地方睡觉。家里以前不许它们上去的地方，现在也都不再限制了，因为它们的时间真的不多了，黄先生和Sara希望它们想做什么就去做，想吃什么就去吃。

有一天两个小朋友在楼下吃点心，我太累了就没有下楼，自己在书房睡一会儿。鲍威突然跑进来，我没管它，书房不关门的话它很喜欢进来溜达一会儿，趴一会儿，但是如果这时候把书房的门关上，它又会急不可耐地出去。

如果它出去后把书房门关上，它又会急着想进来，它就是这么一个难以捉摸的动物。

但是这一天它进来，没有趴下，也没有溜达，而是直勾勾地看着我。我跟狗不熟，但我一向也不怕鲍威。我也看着它，看了几十秒我还是有点儿含糊了，我看见它瞳孔都变了，哈喇子掉了一地，我吓死了，赶快下楼去找大部队。

等我回来的时候，鲍威已经回到客厅里躺下了，还是喘着粗气，给人很暴躁的感觉。

第二天我学校有事没有去上课，再去的时候是两天后了，鲍威已经被送走了，它的骨病加重了，肾也开始出现问题，情况很不好。我想起它的反常表现，听说狗狗在外面受了伤或是生了病，会在主人面前强撑着不表现出来，怕主人会嫌弃自己把自己扔掉。鲍威那天一定是很痛了，但是又怕家里人知道它病得很重，所以特别在只有我的时候寻求帮助，可惜我当时没有明白它的意思。

鲍威一直很清楚我不是这个家的人，也很清楚我会经常来，所以对我一直很客气，偶尔会找我玩儿。我不知道狗是通过什么判断一个人是不是家人的，因为我在这里的时间真的很久，也许是我从心里没有觉得这是我的家，所以狗狗可以看出来吧，不知道两个小朋友是不是也看出来了。她们有一次看到《音乐之声》，问家庭教师不是应该住在家里的吗，为什么Miranda没有住在这里，后来Sara也一直跟我说家里有很多空房间，我可以住在这里，也可以开家里的车，我很感激，慢慢地不再觉得那么不自在了，是因为我心里的隔阂不见了，工作也就变得轻松了很多。谢谢鲍威。

平静的狗

小朋友有狗狗陪伴，有一个好处就是会和狗狗学到很多好的东西。比如说狗狗的感情很真挚，它们爱主人，所以当主人爱孩子的时候它们也去爱他们的孩子，而不是去嫉妒，这对非独生子女家庭的孩子来说，是一个非常好的影响。

两个孩子一回家就要去书房，在书房的时间也是很长的。鲍威老了之后很难上下楼，所以楼下的餐厅和楼上的卧室也都不大去，它想找孩子们玩儿的时候就只能去书房。可是黄先生规定狗狗不许进书房——有时候我觉得成年人的很多规矩是很高效和有用的，但是并不大考虑孩子的感受。当然世界上所有的事情都需要一个互相博弈的过程，才能找到一个最恰当的界限。此一时感受给学习让路了，彼一时我们也需要对感受做出一些补偿。

所以有几次，我偷偷把鲍威放进书房里。狗对小朋友来说有一种很神奇的效果就是可以平复她们激动的情绪，让她们很快安静下来。激动的情绪可能是各种原因造成的，可能是被老师批评了，可能是和朋友吵架了，也可能是功课太多所以烦躁，甚至可能是上周爸爸说了一句什么不该说的话而迟迟没有道歉。

一般在这种我掌控不了局面，或者我自己的情绪也不是很好，难以静下心来和她们两个打嘴仗的时候，我就让鲍威进来。它就那样往地上一躺，也不叫，也不黏着你玩儿，没有三分钟就睡着了。黄语旗漫不经心地用脚蹭着鲍威，鲍威也不理她，也不躲开，连眼睛也不睁开。

后来我想，这种不理睬的陪伴是不是很重要。因为如果是一个人，他好端端地在那里，你去骚扰他，他多数情况会很烦躁，要不就是躲开，要不就是更用力地拍回来，然后两个人要不就是冷战，要不就是打起来。而狗狗不去回应小孩的这种欺负，负面的情绪打出去，就这么石沉大海了，所以孩子马上就平静下来了。人为什么不能做到呢？因为人太聪明了，对方有一点点越界我们就会立即意识到并且马上做出反应，所以我们永远显得不如动物宽容。

这个世界每时每刻都在教训着我们，要求我们必须要灵活迅速地做出判断和反应，一触即发——这怎么能够帮助平复心情呢。所以我们也需要一些淡定的伙伴。我觉得，给小朋友养一条狗的意义不完全在于培养爱心之类的，爱心是天生的，只是被生活的艰辛给磨平了，所以我们需要有个伙伴帮我们维持住或者找回它。忍让和关照，是我们很难互相学习到的一课，而与动物相处，却很容易做到。

关于先来后到，两个小朋友都有一种认知，就是鲍威和萨沙是先来到这个家的，所以它们是仅次于妈妈的家庭成员，她们必须要尊重它们，而爸爸是排在所有人之后的。这是因为，在她们的认知里，妈妈是这个家的主人，爸爸虽然也很早来到这个家，但他的身份是妈妈的丈夫；她们两个没有丈夫，这说明丈夫不是一个必需品。看，在孩子的世界里，秩序很容易就建立起来了。

菲佣来的时间比姐妹俩更短，所以她们两个很不服菲佣的管理。当然菲佣的管理方式有时是比较简单粗暴且没有道理的，但是更多的时候是小朋友对这个管理者身份的不认同。同样的话，菲佣说她们就不会听，妈妈说的话，就乖乖地去做，我小时候也有过这种心理，不要说保姆管我，就是我的亲姑姑管我，我也会觉得意难平，因为这是在我家，如果是在我奶奶家或者是我姑姑家，我就又能够乖乖服从管理了，因为小朋友心里还是有一条界线的：在谁的家里就听谁的，何况还是这样一位特殊而宽容的家庭成员。

不速之客

当然，也有一种情形，是客不仅不随主便，反而鸠占鹊巢的，那就是客人的能力远远超过主人的时候。这种压制，在国家来说表现在对主权领土、经济利益的侵占，在家庭里，表现在对物权的侵犯。

我们都是从个人经历中知道什么是"关系"的——无法建立关系、误解、冲突和分离，这些都是苦难的源泉。

关系是被推断出来的。当交往随着时间形成了持久的模式时，我们才能确定有一种特别的关系存在。比如一个长久不见的表亲，偶尔来你家小住并且你们相处得很好，但那显然不算是一种稳定良好的关系——孩子常常会更喜欢表亲而不是自己的亲生兄弟姐妹，也正是这个原因，在这个角度上，距离产生美是有其客观依据的。当然，既然这不是一种稳定良好的关系，出现矛盾就只是一个时间问题。

临近复活节的时候，黄家小姐妹的小表姐Teresa一家来香港小住。

那段时间我正忙得焦头烂额，当我见到小表姐Teresa的时候，她已经和黄语旗一起上了一整天的课了。香港的小学，只要身份清楚、手续齐全，不管是已转学的孩子还是学生的兄弟姐妹都可以临时和学生一起上课。他们大概也习惯了学生这种在工作日会见客人的习惯，这种共同学习的经历要比只是一起吃饭或出游质量高得多，能够发挥更多的社交作用。

长时间未见、第一天重逢的时候显然是三人感情最好的时候。这一天正值黄语旗和我闹别扭，明明到了时间也不做功课，特别劲儿劲儿地跟小表姐聊着天——黄先生是很热情好客的，特许姐妹俩招呼客人，不用做功课。我心想：孩子你还太嫩啊，明天你就会知道了谁才是你的亲人。

果然第二天问题就来了。中国人的思想是什么都要以客人为先的——这对教育孩子来说是非常不好的传统。黄语晏平时就被迫让着妹妹，她已经很习惯了，在家里一直是躲着利益走，而黄语旗是霸道惯了的，第一天和小表姐那个热络，恨不得睡一个被窝、穿一条裤子。可是当两个人都想玩儿iPad的时候，很容易就打起来了。Teresa是客人，黄语旗年纪最小，所以黄语晏没有帮任何一个人——这就是在无尽的委屈当中练就的一种旁观态度。黄语旗还想拿平时对付姐姐的那几招对付表姐，以为Teresa会像黄语晏那样气急败坏跟她吵架甚至打架，那么作为大的那一方Teresa显然就理亏了，并且黄语晏还有个容易情绪崩溃的毛病，如果Teresa也是这样，那么就等于是在战斗中整个败下阵来。而事实是，并不是每个人都像姐姐那么好欺负，Teresa只是静静地看着黄语旗表演完，然后轻巧而清晰地说你说了哪些不该说的话，"我现在要打电话跟你妈妈通话，告诉她我很受伤害"。

看着Teresa趾高气扬的样子和黄语旗傻眼又害怕的样子，我和黄语晏当时就笑抽了。战斗的经验永远要在战斗中培养，黄语旗平常都是在和黄语晏这样不在同一级别的对手做斗争，几乎是没什么进步的。可是Teresa和黄语旗几乎算是同龄人，又是客人，黄语旗显然没有准备好对付这样难缠的对手，一个回合就败下阵来。在接下来的几天里，她就一直处于无穷无尽地被Teresa欺负，而无力反击的状态：糖果也丢了，自己的桌子也丢了，IPAD也丢了。她在十分无助的时候也曾回过头想起黄语晏和我，想起我们才是她真正的亲人，但是当她和Teresa处在"蜜月期"的时候并没有好好对待我，这个时候我就要给她一些苦头吃了。而且我和黄语晏都比Teresa年纪大，怎么可能对她出手呢？所以直到Teresa走，黄语旗也没有找到机会报复。

有时候看着她们三个，我就在想：三个都是来自亚洲的领养儿童，怎么人家的孩子那么精明，我们家的这两个就笨到在自己的地盘上都能让人家牵着鼻子走呢？但我又想，究竟是怎样的生活环境让Teresa变成了这样的性格，大概也是受过太多委屈，想想还是我们家的两个蠢蠢笨笨但是很大度的好。

一起长大

我读到一篇文章，说经过了计划生育的中国人很难再回到从前一个家庭养育多个孩子的时代了，中国家庭已经习惯了精英教育，很难再承担抚养另一个孩子的任务了。

这不仅是钱的问题，精英教育投入到照顾和关心孩子上的精力、人力都是超乎想象的。当然，在这种环境下成长的孩子，获得的资源也是从前无法想象的，因此他们在社会中具有客观的竞争力。

但是这样的孩子会不会面临无法融入集体的问题，或者过于孤单，没有童年乐趣，这也正是目前我们普遍担忧的问题。

说另外一件事情。有一些国家成立了一些特别的学校，没有老师，由大一些的孩子负责教小一点的孩子。这些学校成立的目的，有的是为了培养学生独立习惯或领导能力，有的是为了试验新的教育理念和方法。但是意外发现，这些学校的学生自主学习能力和思考能力都令人吃惊，他们也能够专注于一项自己感兴趣的工作，而不太会出现易崩溃或者丧失目标的情况。

当然，这里有各种各样的复杂原因，比如，愿意进入这样的学校的家庭是否本身就有更民主和自由的氛围，愿意进入这样的学校的孩子是否本身就具有相当的领导能力和学习能力。我们也不能盲目乐观，要考虑到这样的学校的学

习效率是否能够匹敌目前体制下的学校教育，他们是否能够像普通的孩子一样能够接受领导和团队合作——毕竟社会上没有那么多的领导岗位，也不是每个工作都能够通过领导力来完成。

但我们注意到了一点，那就是和其他孩子一起长大的孩子确实会有一些不同。

我们发现，孩子集体参加测试的时候比单独参加测试更有优势。在集体情境下，孩子的竞争意识更强、反应更快、做事效率也更高。让孩子各自在家学习可能适合少数孩子，但是对有明显性格弱点的孩子来说，如果不能给他们足够的和同龄人互动的机会，就会让缺点更加恶化。

在朋友的选择方面，我们有时也过分担忧了。

让孩子充分暴露在一个周围是性格各异的孩子的环境里，家长就会担心自己的孩子会受到不好的孩子的影响而变坏。其实古今中外很多杰出的人在青少年时期都有几个显得不那么体面的朋友。在家长看来，他们犯过这样那样的错误，或者仅仅是因为成绩不够好就会阻拦孩子们的交往。我觉得这是非常武断和专制的，实际上我们自己很清楚他们都是能够信守诺言、诚实可靠的孩子。几岁的孩子可能谁和他玩儿谁对他好他就喜欢谁，但十几岁的孩子则更希望和那些能够保守秘密、衣着整齐的人做朋友——这就是一种对自己价值观的映射，也就是说，孩子交什么样的朋友，反映的是孩子本身看重什么样的特质。

我们常常只是担心同龄人在一起会互相学坏，却从不考虑同龄人在一起也会互相进行正面强化，甚至进行互相纠正。其实，随着独生子女的增多，越来越多的孩子更希望朋友能在各方面与自己互补，而不是相似。他们强烈渴望和那些具备其最想具备的特质的人做朋友，因为他们很清楚地知道自己身上缺乏这种特质。这种选择是非常聪明的，即使从对方身上学不到什么，他们也能够结成一个相对全面而完整的团队来面对困难。

在家学习还有一个弊端，就是这种学习方式忽略了青春期正是社会化本能萌芽的阶段。让孩子们集结在一起共同成长，实际上是提前把孩子送入社会，在一个没有权威的环境里充分发挥每个人的领导能力和学习能力，这要求在体制设置上，责任和权力要能够匹配。我们给较大的孩子赋予的权力更多，同时也要保证他们能够尽到责任。并且这里依然有一个"先来后到"的问题：后来的孩子想要融入先来的孩子的圈子，最常见的方法就是妥协配合。随着年龄的增长，后来者变成先到者，主副关系就会随之变化。这段时期，孩子自然就会学习适应集体生活，培养公民意识。我想说，孩子是天生具有学习能力的，所以教育本来应该是一件简单的事情，一旦感到费力，就说明我们偏离了正确方向。

物权意识

"分享"是一件很矛盾的事情。显然当我们需要别人的资源的时候很容易想到分享这个词，但当别人需要我的一样什么东西而我恰好也很珍视的时候，我们就很难分享了——这种心情以前我们把它定义为"自私"，但显然是有失偏颇的。自私不是一种性格而是一种缺陷，是过分在意那些对自己来说没什么用的东西，在失去了也不会造成什么损失的情况下，仍然不愿意分享，这种叫自私；明知道别人会给自己带来损失或者明明自己也很需要，依然想要分享，这是一种无私和奉献精神，但也并不是分享的本意。

我小时候有一个广告，现在想起来简直是神作，就是"富力是我的"。当时在小朋友的圈子里简直一夜之间就传开了，而且都是活学活用，到处都充斥着什么什么是我的之类的宣言，而且竟然会因为这样实际上并没有什么法律效力和实际意义的宣言而吵起来。这个广告定位精准就在于，恰好在我们这个年纪，物权意识建立了。这个饼干我可以分享给你，前提是我们都知道，它是属于我的，如果你可以吃，那么一定是我分享给你的。

为什么我们应该正视物权意识而不是把它等同于自私呢，因为一个人如果不能界定自己利益底线，那么他也不可能多么关注别人的利益底线，一个保护不了自己的权益的人也不会去保护他人权益的。换句话说，没有物权意识的无私，很容易演变成自私。

乐 高

黄语晏喜欢乐高，在她的房间里我看到了很多大型乐高。黄语旗也喜欢，但是黄语旗并没有什么耐心，小脑瓜也不太好，所以她只喜欢搭好的乐高。这样也好，一个喜欢动手，一个喜欢成品，只要花一份钱就可以了。但是黄语旗有一个小毛病就是爱吹牛。她经常会说这个是我做的，那个也是我做的，实际上显然不是。

如果仅仅是吹牛的话，黄语晏是不太搭理她的，但是坏就坏在黄语晏也有获得认可的需要，因此每次黄语旗指着黄语晏的作品对我说我做了这个的时候，黄语晏都异常愤怒和伤心，往往要大闹一场。

从黄语旗的语序上来看，我一开始认为她是还没有完全摆脱自我中心的控制。比如成年人指着一个东西说的时候，语序往往是这个是我做的，但是小朋友还是会以自我为宇宙中心，只会从我的角度出发描述事件，所以她会说"我做了这个"，而不是"这个是我做的"。但是，考虑到黄语旗的母语是英语，因此语序上的习惯也不太具有参考价值，所以我就开始关注她到底是真的喜欢乐高，还是虚荣，还是只是想和姐姐抢夺。

是不是真的喜欢一个东西是很好分辨的。黄语旗熟悉这些乐高作品的所有功能和所有残缺点——基本上都是她弄坏的。而且她弄坏之后，会想各种办法求姐姐帮她修好，可见她的牛吹得连自己都相信了，她真的觉得这些乐高是自己的。如果说黄语晏会对妹妹很生气，那也是因为妹妹不尊重自己的劳动成果，可是如果妹妹因为乐高坏掉了而慌张，反而证明了她是尊重这些劳动成果的，因此黄语晏就没那么生气了。同时，修好乐高的过程又是一个动手的机会，也是证明自己的机会，所以她每次都会认真修理——虽然技术上不成熟，还是会留下很多破绽。

所以我担心的两种情况都可以排除了，黄语旗并不是恶意地抢夺，也不仅仅是虚荣，而是真的喜欢这些搭好的乐高，真心地以为这些是自己的。后来我发现，出现这种认知的原因是，每次姐姐搭建乐高的时候，她都会真心地想要帮忙，但是黄语晏不大接受，加上她自己没有什么实际的动手能力，所以实际上她都是在旁边看姐姐搭建完成，但从内心里认为自己真的参与了建设。

这一方面可以看出她和姐姐还是比较亲密的，可以不太区分彼此同时又不太引起矛盾，但也一定程度上掩盖了黄语旗缺乏完成一项工作的能力的事实。当然，她比黄语晏小好几岁，不能对她太心急，不能总拿她与黄语晏比较，但是我希望她在一些事情上受受挫折，比如黄语晏拆穿她在搭建乐高时并没有帮上任何忙——并不是从虚荣的角度，而是从执行力的角度点醒她。

其实乐高真的有很多好处，除了对动手能力是一种培养，对立体思维也有很好的作用——黄语晏还很喜欢玩Minecraft，并且玩儿的很好，黄语旗喜欢看，或者让姐姐帮她建设好她在里面乱逛，但是依然是不会自己创建新的东西。

赛　车

一个周末，我们一起去俱乐部吃饭。如果餐桌礼仪良好，并且和服务生的对话流利，黄先生会让我们四处去玩耍，包括大堂里的赛车游戏机。其实有好几次是黄先生自己想玩，给自己找了个台阶而已。黄语旗也很喜欢玩，只不过平时她只能在我的手机上玩，而且手机上的操作她也控制不好——小朋友的肌肉同大脑一样，要一点一点发展，才会慢慢地变得均衡，所以有很多游戏他们会越玩儿越好并不完全是因为他们从中摸索到了什么，而是因为通过锻炼，他们的肌肉配合及手脑配合在日臻完善，所以可以这样认为，孩子需要接触尽可能多样的活动，即使是对细小肌肉的刺激，也要有除了写字画画以外的活动，游戏就是一个很好的选择。除了手脑协调，将来他们还需要在游戏中学习伦理道德和规则意识，这时游戏的价值就会大大凸显出来了。

而黄先生则在游戏中增加了更多内容——竞争。

他会和黄语旗一起比赛，黄语旗是非常喜欢和爸爸一起玩儿的，但是很快她就发现爸爸并不会让着她。事实上有那么一两次黄先生眼看自己就要输掉比

赛了，就用手去挠黄语旗的痒痒或者用手把黄语旗的脸挡住让她看不见赛道。黄语旗一边狂笑一边躲，结果就输掉了比赛，所以在下一场中，她要一边努力跑赢还要一边提防着黄先生捣乱。

我们在旁边看着很有趣，黄语旗则沉浸在自我振作、兴奋、愤怒、不服输及欢乐的复杂循环中。

而下一次，她还是会很想和黄先生一起玩儿。

这是黄先生在教育孩子中做得让人比较印象深刻的几件事，就是充分尊重了对手。孩子在所有事情上的实力可能都不如成年人，但是自尊心和自信心已经初步形成，并且还颇脆弱。即使是这样，我也不赞成成年人让着小朋友。事实上，有很多时候孩子并不喜欢和那些让着他们的人玩儿，而是认为那些认真和自己一较高下的人更有趣。

其实，孩子们热衷参与竞争很大程度上也不仅是求胜心和虚荣心，而是需要对自己的实力进行试探。他们需要通过竞争不断地测试自己在社会中的地位，试探自己的能力。如果过分地让着孩子，会让他们产生错误的判断，比如说目中无人，认为"我是天下第一"，那些没什么礼貌、不懂得谦虚谨慎的孩子往往都是这样产生的。更糟的是，如果让他们看出成年人是在让着自己，会更加挫败他们的自信心——因为还没有分出胜负的时候，对方就已经判断出自己不可能获胜了，这是多么糟糕的体验啊。

即使没有被孩子看出自己是在让着他们，作为家里的权威总是输给孩子，这于处理代际关系也并没有好处。在孩子向外找到新的权威之前，他们还是需要家里的这个权威的，可是家里的权威什么都会输给自己，那他们还凭什么作为权威呢？这时孩子会感到沮丧和无所适从，甚至感到家庭缺乏安全感。

而家长树立威信的方法，绝不是比孩子凶，让孩子害怕，而是有自己的专长，令孩子感到尊敬和骄傲。你不必让着他，也不必按着孩子的头让他向你学习，他认识到你的厉害，自己就会努力向你靠拢，孩子天然就会学习好的榜样，想要成为更强的人，要给他们这样的信任和机会——通过真正的竞争。

杯子蛋糕

在我看来Sara很懂得如何平衡工作和家庭。Sara原本就是很厉害的律师，有了女儿之后就转在家里工作了，每周只去事务所一天。其实在家的时候，她也像在事务所一样，一天至少有八个小时是不准打扰的，她会在楼上书房打电话、查资料，孩子和狗不仅不可以上楼，也不许吵闹。八小时之后Sara会下楼来，这时候就可以玩耍、看电影，每周固定的节目是带着两个孩子一起做菜和甜点。

黄语晏、黄语旗都非常爱Sara做的杯子蛋糕，以至于可以作为硬通货在她们两个之间流通。但说心里话，虽然Sara做的杯子蛋糕是比较好吃，但总觉得没有我妈妈做的好吃，想必总是自己母亲做的，在孩子心里才是最完美的。这在《爸爸去哪儿》中就有所体现，每到爸爸做饭的环节就是生存挑战的环节，那菜做得一看就知道只能保证吃不死人，但依然能得到孩子的高度赞赏，并且真的吃得津津有味，由此我才相信爱是有味道的。

Sara一次会做够一周的量，但是因为经常需要招待客人或者是遭遇偷吃，所以每周总有一两天是没有杯子蛋糕的。而这个时候，那个偷吃的人往往更加难以忍受。因为她如果能够稍微忍受这种口腹之欲，她就不可能偷吃，所以当吃不到蛋糕的时候，她比任何人都着急、委屈。这个人就是黄语旗。

黄语晏也非常喜欢吃，但是她是那种很会克制自己欲望的人，甚至表现出一种通过禁欲惩罚自己和别人的倾向——在这一点上，我坚持认为她有宗教情节，尽管她还不承认。

黄语晏也很清楚是妹妹偷吃了蛋糕，但是即使是在她们两个闹得非常凶的时候她也不会出来指责妹妹是"小偷"，这让我很吃惊，也摸不清她的想法。黄语晏这个年纪，对是非已经有非常明确的定义了，偷吃别人的份额在她看来倒不如吵闹和不讲道理更严重，这是我很难理解的。我有时会充满恶趣味地想，她是否就想把妹妹惯成一个十恶不赦的坏人然后就可以永远摆脱她了，就像我对我姐姐一样。

和菲佣的统一阵线

虽然跟家里的两个菲佣总是有些隔阂，但据我观察我们家里的两个菲佣在整个Kings也是前五名的好。她们两个一个专门负责做饭，一个专门负责"洗孩子"——这是我跟黄语晏学到的说法。黄语晏经常和我抱怨菲佣并不给她们留相处的时间——其实我知道这是黄先生的意思，因为她们两个一凑到一起就打架，也不做功课，所以黄先生就尽量让她们分开。

其实我觉得这样做是错误的，只要能够排除攻击型人格，小孩子打架其实真的不是那么严重的问题。小孩子和小动物一样，打架就是一种玩闹，同时也是一种互相试探实力和底线的过程，他们其实是在互相适应，你看很多小朋友三天两头打架，可还是很好的朋友。当然，这里不包括那种攻击性的孩子，攻击性在最不受青少年欢迎的特征中排名非常靠前，黄先生面临的问题也因为两姐妹性格的完整而简单起来，无须从根源上排除攻击型这种可能，否则她们即使在家里不打架，去到学校也依然会惹是生非。

我很清楚她们两个都不是攻击型的小孩。黄语晏平时很烦妹妹黏着她，但是在妹妹不在的时候又非常想念她，保护她。

有一次黄语旗非常兴奋，菲佣叫了她几次都不去洗澡，菲佣也生气了，用力地拉着黄语旗上楼，黄语旗开始踢打菲佣。我觉得菲佣也很委屈，黄语晏本来和黄语旗在吵架，她们是为了带走黄语旗好让黄语晏好好做功课才这么坚决的。结果没想到引起了黄语晏的敏感，她认为菲佣今天可以这样拉扯妹妹，以后就会打妹妹，所以也开始哭喊着帮助妹妹挣脱菲佣。

事情越闹越大，菲佣收不了场了，两姐妹也需要援手，我瞬间感觉压力很大。我轻声且尽量让语气非常平和冷静地说：再让她呆5分钟吧，5分钟后我送她上楼洗澡好吗？菲佣很聪明，维护我的权威，说好的，这里你说了算。

黄语旗"得救"了，两姐妹也十分高兴。当然，菲佣这么"闹"一下，结果还是很好的，两姐妹的矛盾瞬间烟消云散——人和人的交往其实和国际交往也是一个道理，国内矛盾控制不了的时候就把矛盾引向国外，这就是大部分国际问题的成因，中国人有句话叫"一致对外"。

除了这种心理因素，我也看到了黄语晏对妹妹的保护。当然，这种保护其实透着一点勇敢的悲凉。黄语晏、黄语旗两姐妹是领养来的孩子，她们自己对这点也十分清楚。Sara和黄先生对她们非常疼爱，但是她们心里总是绷着一根弦，每到重大时刻就会想起自己不是亲生的，父母可能不会那么无私和无限地帮助自己。此外，菲佣也可能因为自己不是亲生的而不那么尊重自己。而她们两个是身世一样的姐妹，这时，她们两个的小团体就更加牢不可破，她们是互相唯一的依靠。

黄语旗还小，并没有这种敏感，显得比姐姐要更加阳光。比起黄语晏对爸爸总是带些貌合神离与游移不定的态度，黄语旗则是只要一想起爸爸的好就会忘记自己刚刚挨过揍。

菲佣对待孩子的态度可以映射出父母对待孩子的态度，如果父母是非常尊重孩子的，菲佣显然不敢乱来；如果父母不相信孩子，菲佣有时也会诬陷孩子；如果父母纵容孩子，菲佣显然也没有办法管教孩子。所以我们的菲佣显然是致力于教育好这两个孩子的，否则她们如果不去维护我的权威，那么两姐妹遇到事情也就不会像现在这样信任和尊重我的意见的。

黄语晏也说过，菲佣在她们洗澡的时候有时会非常凶，我首先必须相信孩子说的每句话，这是我的前提，当然，我也脑补了菲佣开始暴躁的场景，一定是她们两个还想玩闹，不配合洗澡，菲佣才会开始急躁的。其实有时小朋友就是想要玩耍，想要把目前这个状态和时刻延续下去，他们不大能够控制自己，又怎么会配合大人呢，有的时候可以"硬来"，有的时候可以"智取"，有的时候，也要睁一只眼闭一只眼，让他们多玩儿一会儿，毕竟童年过去，就不会再回来了。

和邻居的战争

在我看来，黄先生一家和他的邻居一家代表了移民家庭和中国传统家庭的差异。

黄先生祖上是福建人，他的父亲先移民马来西亚，后定居美国，黄先生在马来西亚出生定居香港。邻居是纯正的福建人，从消费角度来说，显然比黄先生家要阔绰很多，"他们的车库比我们这边要大"——因为房子就大不少，但是他们的车库永远停不下他们的车，通常就是五六部各色名贵跑车，有聚会的时候车子沿路停出去，就像车展一样。

邻居家有两个比黄语旗稍大，比黄语晏稍小的男孩子，感觉羞羞怯怯的，我本来想，比起我们家的两个真是差远了，但是和他们的父母有一些接触之后我又觉得，在这样的家庭里能成长成这样，真的是已经非常不错了。

黄语旗一向不爱管别人的事情——这是避免烦恼的最佳方法，不得不说很多成年人都不如黄语旗洒脱豁达——所以她从来不关心邻居家的事情。而黄语晏正是青春期，对世界充满了期望和失望，浑身都是正义感，对邻居家的意见就比较大了。

她第一不满的是，他们会当着外人很大声地训斥两个孩子，黄语晏很骄傲地对我说，我妈妈就不会这样——没提爸爸。因为黄先生也是一样，不大给孩子台阶和面子——黄先生祖上也是福建人，这不得不让人怀疑是不是巧合。黄语晏说她很同情邻居的两个孩子，他们其实很想跟她们及社区里的其他孩子玩，可是他们的妈妈从来不让他们和社区里的任何孩子玩，"好像总是怕我们弄伤他们，其实我们不会的，我们只是玩而已，又不是打"。有一次邻居的两个男孩在自己家门口玩，正好我们回家，黄语晏就上前去和他们两个聊天，说了没两句，那两个孩子就被菲佣粗鲁地带回房子里了。我当时也有点儿不知所措了，我很担心黄语晏自尊心受挫或心情低落，但是我很佩服她——我坚持认为香港的男女平等做得要比我们先进，黄语晏有一种女性领导者的气质——她转过身来对我说："你看，我们的妈妈是不会允许菲佣这样对待我们的，我觉得他们两个很可怜，没有自由，也没有人尊重他们。"然后黄语晏牵着我的手回家了。

第二件事是聚会的事情。我也是年轻人，很喜欢聚会，况且他们家的聚会总是有很多豪车我也很喜欢，但是他们的聚会确实太吵闹了。他们离我们这边其实是有一些距离的，中间隔着黄先生种的树，应该说不是那么近。但是他们的聚会让我们这边根本没办法看书，Sara也无法工作。而且聚会还会持续到深夜，两个孩子也没办法休息。黄先生脾气比较暴躁，又仗着自己是大律师，曾经上门去理论，我不知道他是怎么发挥的，结果竟究是让人家给怼回来了。

第三件事，就是两家中间黄先生的那棵树了。邻居曾经上门来，希望能砍掉那棵树，黄先生当然不同意，结果不欢而散。后来过了很久，黄先生一家回美国的家过圣诞节，两周后回来，发现树不见了。Sara陪着黄先生去上门理论，黄先生据理力争，平时温文尔雅的Sara也罕见地和邻居的女主人吵了一架。所以我想Sara和黄先生的感情真的非常好，因为Sara对那棵树并没有什么感情，也并不是黄先生真正意义上栽的，只是偶然掉了一颗什么东西的种子在那里，长起来以后他就很骄傲地认为这是自己栽的树。从中也可见黄先生也有可爱的一面。

鲍威和萨沙都是黄先生领养回来的，家里的其他小动物也都是他买回来的。黄先生这么喜欢动物，所以第四件事是他们一家最不能容忍的，那就是邻居的女主人会在自家的院子里杀鸡、杀乌龟做汤喝。

南方人煲汤是公认的认真和美味，食材新鲜是一个重要原因。我们这一边的几个人虽然都不是素食主义者，甚至除了Sara对肉类都有着近乎疯狂的爱，但是在家里杀死动物又是另一回事。他们家里没有养宠物，但是我们这边的几位宠物是可以透过玻璃矮墙看到那边的，不知道它们的心灵有没有受到伤害。况且两家家里都有小朋友，这种画面对孩子来说还是有点儿过于刺激了。杀死动物的手法也是要把血放干净，过程比较漫长，不是很容易接受。

更不容易接受的是他们一家对于邻居抗议的态度。基本上就是无视物业和

业主委员会的一切劝说，要交流就上法庭交流。于是作为大律师的黄先生开始了孜孜不倦地收集证据的征程。每次看到这样的事情他就会拿个DV站在楼上拍，直到我离开的时候还在收集证据，也不知道最终有没有诉讼。

黄先生在处理对外事务时的方式与处理家庭事务时是截然不同的。在惩罚黄语晏、黄语旗的时候，我很少见他这样认真地收集证据，通常是生气了就揍一顿。而两个孩子并没有表现得特别生气，对于爸爸准备以理服人的处理方法给予了很大的支持和帮助，比如帮忙盯梢，比如尝试和邻居谈话。有时候孩子比大人更加成熟冷静，更加耐心，做好了长期斗争的准备；同时孩子对人对事也没那么多双重标准，这是我们应该从孩子身上学习到的。

远方的家

关系不是直接感受到的，而是被推断出来的。当交往随着时间形成了持久的模式时，我们才能确定有一种特别的关系存在。而在人的一生当中，一种关系也并不会独立于其他的关系存在，每一种关系都一定是和其他关系联系在一起的，这正是产生矛盾时，我们无法第一时间从一种特定关系中抽离出来的原因。

孩子经历的第一层关系通常是发生在家里。这个亲密的小群体是大多数儿童接触社会生活的基础，在这里他们开始了解人际交往的规则。但实际上，家庭内部的关系也同样复杂，比如父母的婚姻关系和兄弟姐妹的关系之间的联系，给孩子们带来的困惑也是不小的。

关系是双向的。这是显而易见的。但是，很多理论在探讨父母和孩子的关系时却不由自主地忽略它。我们总是把孩子的社会化看作是从父母到孩子的一个单向过程：就像捏泥人一样，父母可以把被动的儿童随意捏成任何样子，而忽视了孩子的存在同样改变父母之间的关系，改变父母作为社会人的身份——孩子的来临，不仅是建立了一重关系，也使家长的其他关系发生了重大改变。

稳固的家庭尚且如此复杂，那些社会变化的发生——离婚、单亲、工作妈妈、夫妻角色易位、重组家庭等，都在提醒我们：家庭的定义不再像以前那样狭隘，家庭形式的复杂已经不能再视而不见了。

　　黄语晏、黄语旗的家庭，说复杂不复杂，说简单也不简单。首先，她们是两个孩子，产生了大于两条的关系线；其次，她们两个是领养儿童，与家人的关系是靠感情而不是血脉维系的，这都增加了家庭关系的复杂性。

　　在很失望的时候，黄语晏曾经表示读完大学就要离开家自己住。一开始我以为她想念她的朋友ELISA——她读完小学就回法国了，只有放假的时候才回香港看望朋友。但事情往往是这样的，我们会因为一些表象的合理化的原因忽略内在的真实原因，黄语晏表达的大概不是孤独，而应该是一种流浪心理、一种逃离家庭的情绪。

　　这种流浪生活可能是一种属于青春期的长期性幻觉，这个时期的孩子总是认为"别处"有一种特殊的魅力。其实单纯的流浪也并没有什么危害，问题是这种流浪情结如果来源于惧怕家庭的心理，那么他们成年以后可能也不会选择稳定的生活——黄语晏也许有一点点喜欢自己的妹妹，也不惧怕将来要养育自己的孩子，但是她确实对成家结婚和与父母同住都表现出了极大的恐惧。

　　流浪情结还暗含着对异性的抵触——青少年在某一阶段也一定都会抵触异性的，但是这种抵触很快演变成了表面上的，然后慢慢抵触消失，他们开始对异性产生兴趣和好感，然后选择合适的人走入婚姻殿堂。但是如果不注意，让这个过程中的某一个阶段停滞不前，独身的可能性就会变得很大。

　　我也不是说独身有什么问题，但是独身的决定必须是在心智成熟、能够做出准确判断的时候才做出的，而绝不是因为没有处理好青春期的思想活动而做出的，这两种情况会导向完全不同的人生。

　　黄语晏产生这种情绪的原因有两个——其实根本上也就是一个，就是黄先生的脾气不好。我们前面也提到过，黄先生人还是很好的，但是暴躁起来常常会和Sara吵架，据说激烈的时候甚至动过手。而他的夫权意识和对孩子的极大期待又导致他也不止一次动手打过两个孩子，这给黄语晏造成了很大的困惑——当然黄语旗也有过"爸爸是不是不爱我们"的困惑，但是在她的年纪，还是可以充分信任爸爸的。而黄语晏正处在怀疑一切的年纪，她能够准确知道哪些时候是爸爸错了，但是自己又无力纠正爸爸，所以她抵触爸爸的同时，也开始抵触其他男性以防止他们以后也会这么凶恶地对待自己和自己的孩子。

这个时候，流浪显然就变成了一个很好的选择，这种生活在别处的幻想会逐渐占据主导，她和她的家庭会越来越疏离——健康的疏离应该是一种选择，而不是逃避。

而我发现，在黄语晏眼中，我恰好是一个流浪者，她对我的喜爱也一定程度上导致她对我所选择的流浪生活产生好感。所以对于黄语晏，我毫不掩饰流浪在外的真实处境，比如想家，比如想吃妈妈做的菜，比如生病的时候想躺在亲人身边。慢慢地，黄语晏开始注意她自己的家庭是否也具有如此的功能和吸引力，她发现即使是经常动手打她的爸爸，也有顶着压力默默支持她的时候。以至后来黄语晏有了喜欢自己的男孩子——是一个魁梧但温柔的男孩子，他帮了我大忙——黄语晏对男孩子的信任与日俱增，她表示将来读完博士以后愿意结婚。

回到北京以后，我也有很多承受不住压力和委屈的时候，我就想，如果有一个地方能够使身心稍微逃离，我会选择哪儿呢？香港吗？是因为有黄语晏、黄语旗，所以香港也不算是一个远方，而可以算是另外一个家了。

第六章　社交初体验

有趣的人

黄语晏、黄语旗之所以很容易受到我的"蛊惑"，是因为在她们看来我是一个有趣的人。其实，我并不是一个有趣的人，所以我很注意怎样让自己看起来有趣一些。

看到一篇文章讲什么是有趣，说《红楼梦》里公认黛玉、湘云、探春、王熙凤是有趣的，相对地，迎春、宝钗就没那么有趣。黛玉、湘云有小脾气，探春是有大脾气的，王熙凤是有暴脾气的。而这四个有趣的，是书里最讨老太太喜欢的——而老太太是书里的第一人精。

我们仔细想想这四个人都有趣在哪儿了。

这四个人都是大家闺秀、公府小姐，我们对贵族小姐的印象是温柔贞静的，但林黛玉嘴贱——吐槽刘姥姥"携蝗大嚼图"；史湘云喝醉酒在大石头上就躺着睡着了，拿铁架子大块烤肉；探春有收藏癖，弄个红泥小火炉什么的，还求宝玉给他买好玩的——宫里的贾贵妃也知道，生日都给她送玩具；王熙凤泼辣就不用说了。结果她们有趣的那个点，恰恰就是不符合她们身份的那个点。当然，她们的思想、她们的才情体现在方方面面，这些小事上的"有趣"，本质上是出乎意料，是充满想象力和幽默感的。

中国当代心理学奠基人潘菽是个优等生，是个标准的学霸，胡适曾在《中国哲学史》中给他打了北大最高分，毕业时校长蔡元培亲自赋诗并撰写条幅赠予他。他看起来似乎很无趣，但是五四运动的时候他亲手放火焚烧了赵家楼，他的家里人闻讯也都惊呆了，你能想象我国心理学奠基人是这样一种冲动型人格吗？这样一来，立马就有血有肉了，变得有趣了。

现实主义作家、中国现代文学史上第一个流派"新潮派"小说的创始人杨振声，在读书的时候，放暑假了，形容那种心情"像媳妇儿死了婆婆"一样自由。杨振声是文学家，这么粗鄙刻薄的话跟他很不相符，很明显是打趣，所以是有趣的。

地质学家、古脊椎动物专家杨钟健嘴也很贱，朋友里有壮年就成名的，也有一把年纪了还未成名成家的，他就故意问人家的年龄，然后一副很惋惜的表情。

国学大师季羡林读书时曾在日记里说："妈的，这些混蛋教授，不但不知道自己泄气，还整天考，不是你考，就是我考，考他娘的什么东西。""今天抄了一天毕业论文，手痛。"

北大校长胡适年轻时的日记更可乐：

7月4日

新开这本日记，也为了督促自己下个学期多下些苦功。先要读完手边的莎士比亚的《亨利八世》……

7月13日

打牌。

7月14日

打牌。

7月15日

打牌。

7月16日

胡适之啊胡适之！你怎么能如此堕落！先前订下的学习计划你都忘了吗？

子曰："吾日三省吾身。"……不能再这样下去了！

7月17日

打牌。

7月18日

打牌。

他自己在记录的时候怎么可能没有察觉呢，但是持续记录下去，这就有趣了。

所以"有趣"本质上是出人意料。当黄语晏、黄语旗默认老师应该是不苟言笑的、是不近人情的，那我就尽可能地和她们站在一个阵线上，我也暴露出一些缺点，比如说，我也会说："功课做不完啊，好烦啊，谁能帮我做功课我就给她糖果。"我会跟她们一起偷偷地听有脏话的歌，她们就会觉得我有趣。当她们卸下防备跟你相处，你想去塑造她们的价值观或是让她们做一些原本很困难的事情，就相对容易得多，这是用"有趣"来达到融入的目的。

在社交场合，有趣能够达到更多的目的，在两性关系中，有趣也能让生活更加有趣，感情更加牢靠，这在将来对她们也是有用的。

《浮生六记》里，陈芸是个很有趣的女人，穿男子服装，元宵出游又忘了身份，搭手在人家女眷肩上，差点被人打一顿；她自己爱吃酱瓜、臭豆腐这类上不了台面的食物，还逼着沈复也吃。结果因为她太特别太有趣了，沈复爱她爱得死去活来，陈芸不被公婆喜欢，两次被逐出门，沈复不惜忤逆双亲，每次都跟着一起走再一起回来。

杨绛说钱钟书：我们在牛津时，他午睡，我临帖，可是一个人写字困上来，便睡着了。他醒来见我睡了，就饱蘸浓墨想给我画个花脸，可是他刚落笔我就醒了。他没想到我的脸皮比宣纸还吃墨，洗净墨痕，脸皮像纸一样快被洗破了。以后他不再恶作剧，只给我画了一幅肖像，上面再添上眼镜和胡子，聊以过瘾。回国后，暑假回上海，大热天女儿熟睡（女儿还是娃娃呢），他在她肚子上画了一个大花脸，挨他母亲一顿训斥，以后不敢再画了。

钱钟书家的猫和隔壁林徽因家的猫打架，钱钟书拿着竹竿去给自己的猫加油。

钱钟书是有趣的。

"有趣"是一种闲情，"闲"的前提还是不穷。手头太紧，生活的压力太大，人就紧张，就难以有趣了——黄先生家还是很有钱的，能够给黄语晏、黄语旗"读万卷书，行万里路"的机会。

但是她们两个没有的是自信——自信也是有趣的重要基础。张岱说："人无癖不可与交，以其无深情也。人无疵不可与交，以其无真气也。"你看，完美是无趣的，有血有肉，会哭会笑才是有趣的，情绪起来了骂骂三字经，有不好的念头也不避讳承认，活得直抒胸臆，这恰恰需要自信。

林黛玉和史湘云吵架，一个说"他原是公侯的小姐，我原是平民的丫头"，另一个说"他是主子姑娘，我是奴才丫头"。这两个人都是公侯千金，才可以这般自嘲，因为她们很自信——我和我说的人，都不是奴才丫头。

所以，如果我想要把黄语晏、黄语旗变成真正有趣的人——不一定是非常受欢迎的人，但是是生活充满色彩的人——要帮助她们变得自信，这是一个漫长而艰巨的工作。

社交：卷土重来

即使是有趣的人，也不一定是受欢迎的人。似乎我们身边特别聪明的那些人都是一些孤僻的人，有时让人感到他们无所不知，傲慢自大，但其实有可能只是缺少社交能力而并不是他们真的傲慢（如《生活大爆炸》里的谢耳朵）。不过，最近的一个新研究发现，在避免了这些所谓的"社交"（比如与他人进行无谓的客套对话）后，这些聪明的人真的感到更加快乐。换句话说，聪明的人可能在独处的时候更为自在，这也是不能要求有趣的人都开朗的原因，也许人家的生活是很有趣的，只是不对你有趣而已。

不难理解，聪明的人希望将更多的注意力集中在他感兴趣的长期事物上——就像谢耳朵对各种理论的沉迷，如果烦琐的、无谓的社交妨碍了他们去做对于他们来说真正重要的事的话，那么他们的生活满意度自然就会下降。

此外在石器时代，我们的祖先通常以百人的小聚落为单位生存，在这种条件下，更多的社交意味着更多的盟友和食物，因此也能带来更好的生存条件与后代——世界发展至今，互联网社会反而更加接近原始社会，人际关系很大程

度上决定了个人成败。但是有一部分人可能更早地进化出了新的应对方法，能更好地利用自己的能力去应对日益更新的问题与场景，也就不需要大量的社交了。但此后，随着人类社会的发展，随着工业文明的发展，生存前景没有那么严峻了，因此社交也就不再构成生存技能了，有很长一段时间社交变得可有可无。直到地球村、互联网社会形成，人际交往方式回归网状结构，社交才再度变得重要起来，而很多人已经进化出绕开社交的生存方式，习惯了独自解决问题。

黄语晏就是这样一个不喜欢也不擅长社交但是有相当的独立能力的孩子，所以并不像黄先生担心的那样，会因为太过于害羞或是不善表达影响个人发展——至少目前为止还没有明显的证据。相反，也可能是因为有着超出同龄人的智商令她不喜欢社交，而是倾向于以社交以外的应对方法解决问题。

对于天才型选手来说，社交的最大功能在于让普通人迅速了解并接受他们的特别之处。在学校里，擅长社交、受大众欢迎仍然是提升自信的一个重要途径。

社交网络

如果只看表象的话，很容易认为黄语晏、黄语旗对于社交都比较缺乏热情：一个只有少数几个朋友可以经常见面，另一个连需要经常见面的朋友都没有——并且两个人都比较享受这种自我封闭的状态。

但是在玩电子游戏的过程中，两个人却不约而同地表现出同陌生人交谈的兴趣。黄语晏玩Minecraft，里面有其他玩家操控的虚拟的邻居和朋友。每个人以自己设计的形象出现在游戏中，可以互相邀请到对方家里参观，互相帮助，就像在一个真实的环境里交朋友。黄语旗玩的是更简易的单机游戏，但是也可以与陌生人加为好友并互赠礼物，或进入社区看到更多陌生人的近况。和黄语晏所处的网络环境相比，这是一种没有任何环境和条件设定的交往，我认为是更不可靠、更没有意思的交流，但黄语旗对此感到很兴奋。

考虑到她们终于燃起了一点社交兴趣，而这或许也可以成为练习语言能力的一个方式，于是我同意让她们在游戏环境中和陌生人聊天，当然是在我的"监督"下——其实是帮助。

这种无意义、无背景认识的交流有一个好处，就是要求你必须准确判断出对方的意思，也需要自己的表达非常精确，才不会引起对方的误解。而在我们日常的交流当中，往往因为已知对方的人格背景和所处的语言环境而忽略双方在表达上的缺陷，并且也很少因为表达上的问题引起实质的冲突，所以这种熟悉感对表达能力的锻炼其实是不如网络社交平台的。

在网络聊天中，因为缺乏社交经验，她们两个经常不知道该如何回复陌生人发来的信息，或者说上两句就进行不下去了，无法完成对话，更不要提主导对话，我感觉她们两个的压力都有些大，感到有些好笑——在这方面，她们两个还有很多东西要学习。

令人没料到的是，在社交网络中我们还明白了另外一些事情。我们很快发现在社区里，经常有人互相谩骂，这让爱看热闹的黄语旗非常兴奋，而黄语晏则感到非常困惑和沮丧。她原以为在网络上交朋友更容易一些，因为网络上的人并不存在什么竞争关系，所以在她看来互相之间应该更友善。所以当她看到网络上的人无缘无故地挑衅、辱骂别人的时候，她就弄不懂了。她说："Miran，是不是这些人本来就是这么坏的？"如果我说"是的，哪里都有好人，哪里都有坏人"，那也是一个不错的答案。但是我自己也很想知道，究竟为什么人在网络环境中会变得口不择言，轻率地去伤害别人。

其实我们都有过这样的感受：在网络上出现的争吵、欺诈或是人们的抱团、称赞都比现实生活中来得迅速、强烈，似乎人们的情感在网络上都被不同程度地放大了，我真的不相信这些人在现实生活中就是这样感情浓烈的人。

网络的漫无边际令我们可以超越日常熟悉的圈子和熟悉的人，所以在网络上我们不用承受来自周围人眼光的压力，甚至可以随意塑造、展示一个完全不同的自我——在网络上用昵称代替真实姓名就是"分裂"出一个和现实截然不同的网络人格的开始。结果，在现实生活中与邻居互相问候、赠送小礼物的好

人不见了，没有了现实目光的约束和压力，人们可以代偿性甚至报复性地反转人格，再也不想礼尚往来，哪怕得到了免费的帮助。

有人把这种现象理解为"释放真正的自我"，实际上，更确切的认识是他们沉迷于挑战道德底线却不用付出代价的感觉。比如粉丝数很少的时候，我们在网络上表达观点时会更加大胆和频繁，而粉丝数量突然增加后，发表意见反而少了，言行也趋于更谨慎，这是因为被众多粉丝"围观"时，在现实生活中受到的关注和压力又回来了，我们便又恢复了责任感和自我约束。

网络留言还有一个弊端，那就是带有人身攻击或者是带着极端愤怒语气的留言会被保留，在现实生活中这种语言会马上遭到反击并且很快消失，但是在网络上，即使马上有力反击了那些带有人身攻击的评论，但这些评论依然被保留，那就会给人一种感觉：这是一种可以被接受的行为。所以最好的方法是马上删除那些评论，但是很少有人能够忍下这口恶气，反正我不行。

我在后来的工作中还发现一个现象，就是无论任何问题在网络上征集意见，总是反对的声音多，甚至把同一个题目反过来说，依旧是反对的声音多——相同的问题放在面对面的会议讨论环境，反对的声音会大大减少甚至归于零。这是因为那些更温和的人压根就不会在网络上发表意见，而偏激和愤怒的人才会在网络上表达观点，同时，在网络上他们也不像在现实生活中那样惧怕引起对方的反击。

所以，如果说网络聊天能够帮助提升语言，那也是初级语言，而有些问题本身如果想要讨论出一个结果，往往需要漫长的讨论和妥协。在跟一个与自己观点不同的人交谈时，反复协商讨论，那就是一种高超的交流技巧了，这种技巧，在社交网络中是见不到的。像黄语晏、黄语旗这样的孩子，想仅仅依靠网络来锻炼交往、交流能力，可以预见，不管将身处公众还是领导层，都很难应对。

我渐渐发现网络留言对于学习中文收效甚微，而她们两个也对社交网络里的人失去了兴趣，也就不劳我费心，她们也懒得去看别人吵架，自己玩儿自己的游戏去了。

开放日的展板

　　为了让黄语晏在学校能够更受欢迎一点，有时我也是挺拼的。比如我会打扮得很精致的去接她，那么她隔天就有了一个很好的话题。她的一些同学会问黄语晏，那个很高很漂亮的是你姐姐？小朋友的审美比较容易摸得透，干净消瘦，色彩鲜艳，有活力，有笑容，会看着他、注意他，就叫漂亮。黄语晏就会故作无所谓的样子，说是我的家教姐姐Miranda，她有男朋友，她家在北京之类的，然后就聊起来了。交往就是这么容易，有时候只差一个话题。

　　还有一次，黄语晏她们年级办一个展览，是对外开放的，不仅自己做展板，每个组的负责人还要负责在开放日向参观者进行双语介绍。双语介绍是用哪两种语言都可以，英语、法语、广东话、普通话随意搭配。在Kings，能用普通话的最少，其次是法语，英语和广东话基本上是标配。黄语晏的母语是英语，父亲可以说广东话，她最好的朋友是法国人，所以她的法语比其他只在课堂上学习的学生要好很多，普通话原本是很不行的，但是现在有了我，也勉强可以作为一种日常语言。之前黄先生和Sara一直把黄语晏的语言能力定位在薄弱，而通过这次活动，当我们像这样把几种语言能力放在一起考量的时候才发现，原来黄语晏的语言能力在她的班上算很不错的，每掌握一种语言算一分的话，四分能拿到接近三分。

　　黄语晏的认真负责和见多识广在同学间是很受认可的，她即使不是组长，这一次看来也"在劫难逃"，很有可能要承担讲解的任务了。她虽然很紧张很害羞，但是也感到有点儿骄傲——像我们这种敏于行讷于言的人，偶尔也应该从幕后向台前华丽转型一下。

　　英文介绍我不担心，黄语晏虽然害羞，但是她知识储备大，只要有熟人站在旁边一起听，她就可以对着陌生人侃侃而谈，因此我跟黄语晏说，不用担心，我们可以"作弊"，我可以混在听介绍的人群中，问题一轻松解决。

　　问题二在中文部分，我们要做更多的准备。一两周的时间，快速提升口语是不大现实了，但是我们依然可以"作弊"。

我反复用了"作弊"这个词，是因为我认为那些复习和突击复习，事实上都是作弊，都是旨在在考试中表现出超过自己真实水平的方法，只不过复习是合法的，现场偷看是非法的而已。所以我将再次发挥应试教育的优势来应对素质教育的产物。

首先我要求黄语晏把她的英文展板和讲稿都翻译成中文，她可以使用翻译软件，但必须打磨到我可以读懂为止。然后我会根据她的展板纠正完善她的讲稿，最后她把这份讲稿背下来——我真的不是有意增加她的工作量，她的英文展板专业性比较强，我的英文词汇量和语法储备不足以应对——英语也是我的一个短板。事实上，我能得到小朋友的喜欢和家长的信任，只是仗着中文好而已，这也导致了我的英文水平一直止步不前。我并没有像黄语晏、黄语旗那样能够十分努力地学习一门语言——我们总是怪孩子做不好这个做不好那个，可能有时候确实我们身边有比他们做得更好的同龄人，但是设身处地地想一想，如果是我们在他们的处境上，并不一定能够比他们做得更好。

我们花了不少功夫在中英互译上，然后又花了不少功夫让她读熟中文版本。此外她还有一个担心，就是如果现场有参观者用中文提问怎么办。应对这种局面，我们用的仍然是面试的办法：实践出真知。我先假装参观者提出一些问题，让她回答。当然有的问题她能够回答，有的问题她组织不出语言，这是比较伤害她自信心的。同时我也告诉她，在练习的时候，发现的问题越多越好，这就是练习的意义。因为你现在补上的问题越多，到时候他们能够难住你的问题就越少。黄语晏似乎接受了我的说法，又鼓起了勇气，这也算得上是一个进步了。

孩子有时候就是这样的，那些奇谈怪论，不按套路出牌的事情对他们来说往往管用。比如说，他们以为你一定会说什么的时候你说相反的事情，他们以为你必须要说些什么的时候你恰恰什么都不说，反而会引起他们的思考和倾听，因为他们自己其实也很想知道事情到底是怎样的，自己到底哪里出错了。

在开展的那天，黄先生邀请我和他们一家一起去听了黄语晏的讲解。我们到那里的时候，黄语晏的展板前已经聚集了不少家长，黄语晏刻意没有看我们这边，可能是想塑造一个公事公办、一视同仁的形象，我觉得很想笑，又觉得很敬佩，她的决定很正确，有助于塑造一个职业女性的形象。同时，在黄语晏的意识里，"公平"这个概念还是比较根深蒂固的，她不会因为我们是她亲近的人就对我们更好一些，而是只拿我们当普通的参观者，而且这也说明她此时已经没有那么慌乱，不需要依靠家人的站脚助威来获取自信，很惊人吧。参观的家长也很热情宽容，黄语晏的中文演讲首秀顺利完成。她很激动，以至在之后的两个星期里都不断地偷偷去看那块展板，一直温习当时的演讲，直到展板被其他活动征用。

画　展

当黄语晏建立起了与人沟通方面的自信，她是很懂得如何吸引别人的注意力的。比如，有一次学校组织画一些巨幅的画作，全校展览。平时画普通大小的作品时，黄语晏、黄语旗都没有展示出什么过人的天赋，所受的训练也不够专业。但是，这种巨幅画作是所有孩子都没有接触过的，那些平时画得很好的小朋友也一筹莫展，有的孩子画了很久，发现自己根本无法填满那么大的画面，有些孩子根本就不敢上前去尝试。

黄语晏让我特别骄傲，她果断地让同伴把纸拿到教室外面铺在地上，然后就旁若无人地脱掉鞋子袜子，用手和脚蘸着颜料在纸上画了一些巨大的花朵。那构图和用笔其实非常粗糙，画得也非常快，但是效果却出奇好，因为这些粗糙的线条看起来非常自信，并且让空荡荡的画布显得非常饱满。她的校长朋友先是在办公室里看她画，然后出来站在院子里看，显然出乎了他的预料，一直在赞叹。其他班级的孩子也纷纷挤到院子里，好奇地站在各个角落看她作画。黄语晏也是福至心灵，邀请大家和她一起画——这是以前不可能发生的事情，她只会礼貌地允许别人参与她的活动，但是从不会主动邀请。还有很多人觉得自己的作品不希望别人染指，尤其是在自己获得所有的关注时，更加防备其他

人来分一杯羹。但是黄语晏在获得极大的关注和成功的时候，依然没有忘乎所以，还是时刻记得自己希望参与别人的活动时的那种心情。

那些孩子本来就很想玩儿，只是主动权不在自己这里，听到黄语晏的邀请自然非常高兴，纷纷脱掉鞋子开始"画画"。黄语晏没有以原作者的姿态指挥别的孩子，但是那些孩子却表现出一种自发的团队精神，和黄语晏一起商量画作布局然后才动手，而不是像更小一些的孩子那样，破坏性地找乐子。所以我想这样的活动究竟在什么时机推出，也是有讲究的，在这里的如果不是"黄语晏们"而是"黄语旗们"，还真是难以想象。而活动中率先打破壁垒的，恰恰是平时内向寡言的黄语晏。所以我就极不赞成黄先生那种盲目认为外向型人格要比内向型好的人，开朗外向的孩子很可能没有内向的孩子敏锐和照顾他人感受，所以在关键时刻能够率先打破壁垒的是谁，还不一定呢。

黄语晏的校长朋友也没有让我失望，活动结束后他把黄语晏的画挂在学校一进门最显眼的地方展出了很长时间，直到雨季来临，画作被雨水淋坏。

但有一件事我很好奇，也一直没想明白，黄语晏从头到尾都没有向她的爸爸妈妈炫耀过自己这幅作品，以及自己在整个创作过程中的风采——我也是从校长和别的小朋友那里听说的——这其中包括了当时并不在场的黄语旗的同学，他们显然是从自己在高年级校区的哥哥姐姐那里听说的，黄语旗也得意了很久，但都没有向黄先生和Sara两人特别炫耀。或许是时机错过了，或许是怕爸爸妈妈骂她弄脏衣服，不过我也没有去追问，我想即使是再熟悉、再信任的人，也应该彼此留有一些空间和神秘感，我们不可能完全理解另外一个人，这也是很多家长不能和孩子愉快相处的症结所在，他们总是想要百分之百了解和百分之百掌控，而实际上那是不可能的。

形形色色的节日

对于孩子来说，最大的节日可能不是春节或圣诞节，而是一些特别的日子。

一个周末过去了，黄语晏对上学感到非常兴奋。那段时间我很累，也没有去关心他们学校有什么新鲜事。一进学校大门，感觉所有老师都带着奇异的笑容站在院子里迎接家长。那表情怎么说呢，激动中带着羞涩，想让别人看他又不好意思直说那种。黄语晏看到她的校长朋友也站在那儿，露出了一个奇异而尴尬的笑容，转身跟我说："今天是胡须日，男老师都不刮胡子。"我这才发现，这些毛发系统特别发达的白人男子脸上都是窘迫的胡茬，有一种刚从监狱释放出来饥寒交迫的憔悴美感。

9月3日是"世界胡须日"（World Beard Day），这个纪念日的起源不可考，但有文献记载早在公元800年时，丹麦的维京人（vikings）就有过胡须节的记录，但没有特定的一天，随时可以庆祝。

男子蓄须最早大概是为了展示男性魅力，但是随着时代发展，男性蓄须变成了懒惰和脏的标志，正式场合已经很少有男性蓄须了，尤其是白人男性那种络腮胡。男性教师在中小学中永远属于少数，所以Kings的这些"弱势群体"便选在这一天集体蓄须，似乎是想表达一种对女权的"反抗"——所以像黄语晏这样的"大女人们"才会既尴尬又好笑吧。

香港人有很多无聊的特殊纪念日，当然有很多是从国外，尤其是英国传来的，真的是既无聊但又有趣。比如说不穿裤子日，地铁里会突然杀出一群年轻人，上身穿得非常周正得体，西装马甲领带，但是下身不穿裤子，只穿底裤——底裤各式各样，有的邋遢，有的闷骚，当然都是不太暴露性意味的。他们很淡定地搭地铁，上下身的巨大反差非常搞笑。据说这是缓解年轻人压力的活动，有些年纪大的人觉得伤风败俗或是很无聊——不同年龄层的人需要不同的方式来治愈自己，就像我们不跳广场舞但我们真的不应该觉得那很土很low。

黄语晏的这个年纪，对一切爱护自然、维持公平的活动都很热衷，所以她也严肃地给予了她的校长朋友很大的支持，一点儿都没有嫌弃校长先生邋遢的外表，而是给了他一个鼓励的拥抱，校长认真地表达了感激，把我笑坏了。

更加受欢迎的节日当属万圣节。对于小朋友来说万圣节的吸引力可能已经超过圣诞节了：圣诞节是团聚和礼物，但是万圣节还有刺激和糖果。

万圣节的早上，学校要求大家变装。黄语晏是猫女，黄语旗是什么我都不

记得了。黄语晏有点儿不开心，因为猫女的衣服是黑色紧身衣，仿佛没有什么变化。要说变化，只比平时多了一条尾巴，头发也是马尾加上小猫耳朵，这对于小朋友来说显然不够炫酷。她很羡慕黄语旗的衣服，觉得妈妈对自己的衣服不上心。

我对情绪低落甚至有些牢骚的黄语晏说："你的穿衣品位要提高了啊。"我说："你回忆一下，班上有没有同学穿过这套衣服？"她很努力地想了一会儿，说："没有。"其实安慰孩子就跟算命一样，话分两头说，没有人穿过就说明这衣服新鲜不好找啊，说明妈妈用心了；有人穿过就更加不用害羞了，说明大家都喜欢这套衣服。你怎么说怎么对。

当然我是真的觉得这套衣服很好看才会设个语言圈套两头堵她的，如果这衣服真的很可笑或不好，即使她自己没有提出什么异议我也不会让她穿的——虽然在智商和经验上，我作为成年人还是常常喜欢碾压她们俩，但平时也要注意积累信任，这样在关键时候她们才会无条件地信任你，这是我的经验。

我说："你已经不是黄语旗的年纪了，穿起来可爱的衣服已经不适合你了，你需的不单是那些夸张好笑的装扮，你要向细节和背后的故事靠拢。"她说这衣服让她有点儿不好意思——青春期对自身发育的害羞和不自信终于还是来了。我说："不奇怪。你觉得奇怪和害羞，是因为穿这些衣服的场合不对，比如说你跳舞的时候穿跳舞的衣服就不觉得害羞，但是你穿着去打曲棍球就有点儿好笑了对吧？"她想了想那个画面自己就笑出来了，有时候这孩子笑点也挺低的。我说："这说明你能判断什么场合能穿什么衣服，这很好。但是今天是万圣节，如果你穿平常穿的衣服，就很无聊了对不对？我为什么说我想每年都穿呢，因为我比较瘦，动作灵活，就像猫一样，所以猫女的衣服适合我，别人穿就可能不好看或者好笑。你想想Lana（就是她们班上最好看的那个女孩子）Lana很漂亮对吧，但是她穿这个就不会好看，因为她比你胖一点，矮一点，她穿的话就会显得笨笨的，所以她不会穿这个的。穿衣服的技巧就是，你要和别人不一样——但不是怪，你不仅要穿自己穿起来好看的衣服，还要穿那些别人穿不好你能穿好的衣服，因为少有，所以更加引人注目。"

　　"我不是说女孩子一定要漂亮，不漂亮就什么都不是了，相反，要漂亮的目的是为了突出你内心和头脑里的东西，如果你不够美，很多人会花费很久才开始关注和发现你心里和脑子里的东西。所以如果你不是这么聪明，你很笨，我也就不会要求你漂亮了，你反而是做个普普通通的小笨蛋比较好，这样别人也就不容易发现你笨对不对？"她很得意地笑了，出于对自己的脑袋和智慧非常满意进而对猫女衣服表示比较满意。Sara有点儿感激地看着我——这样优雅强势的女人在女儿面前张口结舌、束手无策，也是很可爱的，所以家里有个外人，有个第三方还是挺好的。

　　下午我去接她们的时候，黄语晏情绪明显比较高涨——有时你都不相信一个人的自信在一天之内能发生这么大的变化。她不仅能够抬头挺胸、面带笑容地跟大家说笑打闹，而且在拍集体照的时候还摆出了猫女的造型，这不是我教的，所以我猜一定是她在学校和朋友说起猫女的时候上网查了照片和故事。这张照片我真的很喜欢，因为真的只有黄语晏穿了这样认真的衣服，而不是那些迪士尼兜售的白雪公主之类的连衣裙。

　　在大人们的呵护下，童年大概是孩子自信心最为高涨的时期。在这之后我们会遇到更多更优秀的人，或者更多更大的困难，又或者更加谦虚谨慎，我们的自信可能会渐渐消退，但是在一开始就建立起一个大一点的、相对稳固的基数的话，以后消退起来也就能够撑得久一点，甚至还能够在曲折中前进，越挫越勇。而如果一开始就没有建立起来，那以后也很难建立了。

　　自信的建立不只是靠家人或朋友的鼓励和劝解就能够实现的，更要靠孩子自己迈出那一步。黄语晏要能够相信我，穿上这套衣服去上学，她才会知道是不是真的可以那么受欢迎；她要和她的朋友聊天，查资料，才会勇敢地去模仿猫女的动作，完成万圣节的服装秀，最后她才明白自己是很受欢迎、很可爱、很漂亮的，这些都是她自己一步一步走出来的，即使在一开始是我给予了她指导和帮助，但对于后续的发展我们也是毫无插手的余地的，这份勇敢和努力难道不值得尊重吗？

仓鼠参战

　　黄语晏在学校负责照顾仓鼠，这使得她在最初那些过于内向的岁月里仍能保持一定的受欢迎程度。

　　黄语晏很喜欢看书，除了文学和历史，她还喜欢与自然相关的书籍——人在小的时候都对自然保持着一种强烈的好奇和热情；慢慢地，有些孩子开始偏重于宇宙和外太空，有些偏重昆虫，有些偏重植物；再长大，我们对自然的热情仿佛就少了，有些几乎丧失了——然后人生开始变得乏味无趣。这样的变化，有些是出于觉得自己什么都懂了，有些是认识到了宇宙的无穷尽，不敢进一步探索了，总之大多数人没有小时候那种对自然的理解和敬意了。

　　黄语晏还没有离开敬畏自然的天堂，同时她显然也没有意识到照顾动物给她带来的额外好处，她只是因为比其他女孩子胆子更大，执行力更强，比男孩子更加细心和耐心，所以这份工作她一直做到了升入初中。

　　黄语晏每天负责喂仓鼠吃东西，打扫笼子。周末的时候把仓鼠带回家，防止仓鼠饿死或撑死。

　　仓鼠后来也成了黄语晏的一个反抗和逃避现实的武器。他们班上有一个老师，我一直遗憾没有去找她谈一谈，因为她实在不配做一个老师。她的双重标准令所有的孩子都反感，包括那些被她格外关照的孩子。

　　比如说，在做teamwork的时候，有的组很认真地做，有的组因为时间没有规划好最后就只好随便做一做交差。可是这位老师就很奇怪，偏偏要去一味夸奖什么都没做好的组，对其他的组就很苛刻。黄语晏显然就是很努力的那些孩子之一，所以每当有这个老师的课的日子她都不是很开心。

　　有一天黄语晏终于放下面子来和我讨论这件事的时候，我心里快速浮现出两个想法：一是有时候不是努力和认真就可以做好事情的，有时确实需要天赋，所以有没有可能那些看起来不认真的孩子其实做的确实比较好；二是这老师太天真了，她可能是想要通过讨好一些学生来讨好他们的家长——但是哄孩子不是这么哄的，你要让他"服服帖帖"，不是要变着法地让他高兴，而是要让他知道你很厉害，你无所不知，你可以看穿他的心思，他才会来崇拜你、尊敬你。

黄语晏也证实了，其实那些被莫名其妙表扬了的孩子也很尴尬，因为其实他们做得好不好每个人都知道——也是通过这些事情让我觉得"性善论"是可靠的，因为这些孩子天生就对努力和付出有一种尊重，对事实有一种尊重，所以当他们看到这种不公平的待遇的时候，就会连带着不喜欢那些因此受益的孩子。而这些表面受益的孩子即使没有受到同学的排挤，心里也是不舒服的：没有用心的作业受到表扬，那是不是说，从前和今后那些努力的时刻都会被辜负，那努力还有什么意义和意思呢，他们会感到很迷茫和无聊，当然，最显而易见的表现就是会被同伴看不起。所以我说这老师也是挺厉害的，一次就把所有的学生都得罪光了。

孩子不仅是最讲科学的，也是最讲民主的，尽管有时候他们会用一些简单粗暴的方法。同学们在抵制这样的不公正的时候，用的手段就是排挤和嘲笑那些受益的学生。但我发现，在受到了这种排挤之后，仿佛是受益于司法公正，受到了应有的惩罚，所以这些不当获利的孩子反而觉得好受些，和同学们相处反而比较愉快，他们的分寸也是很惊人的：作势反击，但是并不真的以牙还牙，而是百分之百地认输。说他们的分寸好，是因为如果他们彻底不做反抗，就会让人觉得他们还试图站在道德制高点随时向老师和家长告状。而如果尽全力反抗，打个平手或占个上风，对方就会更加生气，战争就会升级，那么以后就很难和好了。所以作势反抗，但是适时地认输，就等于别人给你一个台阶你就下来，是非常聪明的。但是反过来想，如果大人把事情做对，孩子怎么会需要研究这些平衡的技巧呢。

《绯闻女孩》里有一句很经典的话：战争只是地狱，这里可是学校——学校是一个磨炼培养生存技能的最佳场所，学校最初就是一个培养少数精英的地方，他们是要引领整个族群生存和发展的。所以在这里我真的要再次强调，在学校里真的不是只要把书念好就可以了。

黄语晏虽然是个很倔强的孩子，但她很安静和自律。她情绪很坏的时候也

能够控制自己不做过激行为——尽管她经常会出现情绪崩溃歇斯底里的情况，但大多是为了其他目的，而不为伤害别人。所以她很讨厌这个不公平的老师，但也不会去向校长或者家长告状。黄语晏的理智和冷静使得她早早地就可以和校长有效沟通，他们经常像朋友一样谈一些大人之间的话题——有时候是让人觉得可敬又好笑，因为黄语晏个子矮，校长却是个很高大强壮的白人，但两个人却总以平等的姿态谈话，他们聊天的内容也是很像模像样的，不是哄小孩的那种，比如说，校长会抱怨今天工作很不顺利，黄语晏就说没有什么工作是一帆风顺的，要学会面对问题解决问题，非常搞笑。

其实要解决这件事是有捷径可以走的，但是这些孩子没有选择这种方式。这些国际学校，学生对老师的评价是非常重要的，尤其是负面评价，一旦核实，一定会追究教师。Kings几乎每周都在面试新老师，并且绝不会牺牲质量保证数量，他们会一直面试直到找到真正看得上的老师。

因为不屑于告状，所以黄语晏依然要长期忍受这位不公正的老师。她最先采取的方法必然是非暴力不合作。为什么说老师的水平不重要，人品才重要呢？我小的时候也会因为讨厌一个老师而拒绝听他讲的一切事情，不管是对是错。有时这种拒绝不是故意的，完全是潜意识的，你很努力地在听，却很不希望他说的是对的，那怎么可能从他身上学到东西。相反，那些你喜欢的老师，即使他话很少，或者会出错，你也会觉得他很可爱，你会努力自学，甚至帮助他知道自己哪里出错了，也会很担心自己做得不够好，让他误以为自己不用心，所以还额外学会了宽慰他人，如果是我，我会让我的孩子跟从人格魅力更强的那个老师。

所以每逢她的课，是黄语晏唯一会捣蛋的时候。她自己也会主动招认，说自己今天在课上和谁谁谁互相扔纸团，或者在老师背过去的时候比赛做鬼脸。我从不因为这些事情批评她，我觉得这种"报复"的创意和激情，比上课听到了什么知识更加宝贵。也是因为如此，她们做了什么"坏事"都会主动跟我说——这种乐趣毕竟需要有人分享，除非她不信任你——所以我觉得那些家长也应该反思一下自己是因为什么事情让自己失去孩子的信任的，而不是苦苦哀求孩子告诉你今天学校里发生了什么有趣的事情。

那个老师开始还在硬扛着，对平时苛待的孩子更加苛待，对平时厚待的孩子更加厚待，以为这样至少还能保住一部分孩子的拥护和自己的尊严，但是事实证明这种试图分裂班级的老师是极为愚蠢的，是错误地估计了孩子们之间靠打闹建立起来的友谊的。写到这里的时候我真想当面指着鼻子告诉她：团队精神不容易建立，但是也不那么容易分崩离析。如果她自己是一个有着丰富社交经验的人就会了解，即使在成年人的世界里也是一样的道理：一起做过坏事，或者发生过矛盾的人更容易成为好朋友，而那些靠礼仪和利益维系的关系是不能持久的，所以我猜想她在日常生活中的人际关系维持得并不好，是个彻头彻尾的失败者，因为她竟然在依靠一些想当然的错误经验控制孩子。

黄语晏在这件事情上表现出了极强的计划性和勇气，她逐步升级挑衅，后来发展到上课玩儿仓鼠。仓鼠兴奋的时候就会乱尿，本来同学们还是小声说笑、打闹，仓鼠这一尿，哄堂大笑，并且伴随着一股臭味，尿液溅的到处都是。黄语晏不慌不忙地给仓鼠洗澡，收拾战场，全班同学一边佩服地看着黄语晏动作专业利落地照顾仓鼠，一边开着各种尿尿的玩笑，整个课堂完全失控，那个老师不得不提前下课，去找其他班级的老师代课。

一个老师，课没上完就被逼出自己的课堂，这是彻头彻尾的失败。因为她没有展现出哪怕一丁点应对的策略，就丢失了战场，那么她以后就很难夺回了，将来只要是她站在讲台上，孩子们就会回忆起那天的"战绩"，然后还想进一步扩大"战果"，他们永远不会去尊重她了。

可能有人会认为，我这种态度是在纵容孩子不去尊重师长。但是在我看来，"自由之思想，民主之精神"是人与生俱来的，只不过被所谓的规矩压抑了。我们常说我们民族有奴性，就是这种不能够挑战权威的错误态度。那样的老师如果孩子们不去反抗，也是很可悲的。并且黄语晏也表现出一些战术而不是利用家长这一更强硬的权威去压制她。她不断挑战那个老师的底线，等待她出丑，直到引起公愤，让她自己失败。

这件事情结束之后，那位不公正的老师当然就不能再待在Kings教书了，黄

语晏的班上换了一个年轻的外籍男老师，不管是长相还是性格都像小孩子一样活泼和无害，是那种你不会想跟他结婚，但是会很希望他帮你照看、教育孩子的好男孩。

精英家庭的孩子

我还是要强调一下，黄语晏对待其他的老师和同学，都是十分温和有礼的，有时宁愿自己受一点委屈，也要别人开心。

因为穿梭于学校之间，我也认识了一些不同学校的孩子，他们的共同点是家境都很好。有官员的孩子，有律师的孩子，有富豪的孩子，总之都是一些所谓的"社会精英"家庭的孩子。这些孩子在学校的表现也是很好的，因为家长的要求高，投入也大，他们见多识广，风度翩翩，但是另一个共同点是他们都很害羞内向，甚至可以说是自卑。

其实孩子们过早地表现出风度已经是一个信号了：这种风度是违反天性的，它应该是在岁月中积淀出来的，如果在很小的时候就获得了，说明孩子的童年遭到了破坏，这不是一件特别值得夸耀的事情。不过害羞却是我眼里这些孩子的一个共同优点。

因为受黄先生"外向论"的影响，我一度怀疑富足的生活是否不利于孩子成长，但是后来我在自己的工作中发现是我错了，其实这种过分的害羞和自卑，才是人格完善的表现。见多识广的人更容易害羞，因为他们知道天外有天的道理，知道自己做得还很不够，所以他们经常有一种愧疚感，时常反思自己为什么做得不像想象的那么好或者像别人那么好，他们也就很容易去观察别人，然后发现别人身上的长处和短处，所以他们也就可以敏锐地感觉到别人是否需要帮助——然后他们就显得更加有绅士风度。

而那些过分自信向上的孩子，反而要小心他们是否太过自我，没有经历过风浪，当有一天他们面对挫折的时候，他们没有应激机制也没有思想准备，是否会一役就崩溃了，甚至产生对整个社会的怨恨。

黄语晏、黄语旗是这样，《爸爸去哪儿》里，费曼也是这样，他们的心思比我们想象得要敏感脆弱，有时表现出来就是软弱，但实际上他们可以勇敢，只是当他们把内心的柔软善良直接表现在外面时，让我们这些大人一时无法相信他们能够适应这个残酷的世界而已。

半山杀手

小朋友天然地热爱自然，这是多么奇妙和美好的事情啊。我自认不是一个环保主义者，我买皮包，爱吃肉，但是我妈妈说我小时候去别人家做客，人家招待我们吃穿山甲，我和姐姐哭闹着说不许吃！这是保护动物！然后主人很尴尬，终究还是没有吃。后来我也不吃很多东西，比如蛇、海参、鱼翅之类的，却不会再阻止别人吃——我觉得我能做好自己就很难了，实在不应该站在道德制高点去干涉别人。而我不知道这是一种贯穿一生的精神还是只是处在人生的一个特殊阶段，黄语晏和黄语旗一定要和那些动物杀手决出胜负。

前面我们也提到过她们的福建邻居，吃东西比较刁钻，女主人有时候会自己在院子里杀鸡或杀鳖做汤，从我们这一边的楼上是可以看见的，这引起了一家人极大的愤怒。黄语晏班上的仓鼠刚来的时候，万众瞩目，谁都想照顾它，可是时间长了，就发现仓鼠很难照顾，屎尿屁特别多，既要定时去喂食又要定时打扫笼子，而且玩儿的时间长了，也不觉得稀奇了，渐渐地就只剩下黄语晏照顾它了。仓鼠也不是那么乖，有时候它不舒服或不高兴了，就曾经抓伤过黄语晏，黄语晏也很委屈，"我帮它清理笼子它还抓我"，但是哭完以后还是每天帮它清理。

那天我们在靠近邻居家的外间书房看电影的时候，邻居的阿姨又出来杀乌龟了。我叫苦不迭：大家都是内地人，我本来是想拉偏架的，但是这做汤的频率也太高了吧，家里是有什么样的病人要这样补啊。两个孩子果然立即愤怒了，站在落地玻璃那里直勾勾地看着邻居的女主人。那个阿姨不是什么善茬，既然和邻居们都已经闹翻了，因此也反过来充满敌意地瞪着我们家的两个小孩。

　　我陷入了不知该不该管闲事的境地。其实她做什么是在她的家里,我显然是不应该多管闲事的。但是那场面也太大了:院子里一地的血,即使不想看也很难忽略。他们家的两个孩子大概也是很崩溃的。因为是半山的别墅区,几乎是封闭的,所以家长都很放心,也很愿意自己的孩子多和邻居的小朋友出去玩,可以去俱乐部,也可以去打球、骑车、遛狗,都很安全,也能够稍微弥补一下邻居少没有玩伴的缺陷——半山还有很多豪宅,不在别墅区里,依山傍海自成一体,更大更气派,但是完全没有邻居,在养育孩子方面来说,其实是不如别墅区里的小型别墅的,买房子的时候要考虑一下这一点。那两个孩子也是很想和我们家这两个孩子一起玩儿的,可是因为两家的矛盾,他们就不被允许和我们家的两个孩子玩儿——简直就像简易版的罗密欧与朱丽叶。其实别墅区里的孩子本来就不多,这四个孩子年龄相仿性格又都不错,真是遗憾。

　　这也是我没有解决的一个困局,那就是我们一开始是否应该为了这样的习惯原因给邻居"判死刑",对于不吃狗肉的人来说吃狗肉的人都是有罪的,但事实是不是这样的呢?

　　其实每个孩子心里都有一个坏皇后,他们以纯洁的眼光同样可能歪曲世界,这可能对那个现实中的女性不公平,但从好的方面来看,有对坏皇后的恨,才有成为骑士的勇气,因此这件事,更要小心处理的不是她们而是我,还有Sara:邻居的女主人是真的坏呢,还是只是有着奇怪习惯的好人?或许在她看来我们反而是一些站在道德制高点上干涉他人私生活的"圣母白莲花"呢?我们并不知道。

ELISA

　　ELISA是黄语晏最好的朋友,在我来到这个家的这一年,恰逢ELISA转学回到法国。黄先生和Sara一开始都很担心黄语晏的性格会在ELISA走了之后变得更加孤僻和内向,但是幸好我及时地成了"接替"ELISA的人,与黄语晏建立了一种类似ELISA那样的稳定关系,所以他们也给了我很多超越家庭教师而更像是家庭成员的特权。

ELISA是典型的欧洲女孩子，个子比香港女孩儿高，并且健美、曲棍球和网球都打得很好，因而赢得了黄语旗的尊重。但正如我们所说，人总是被与自己相反的人吸引，ELISA和安静敏锐而略显屠弱的黄语晏成了最好的朋友。在ELISA来家里过周末的时候，会帮助黄语晏对抗黄语旗的骚扰，而这对黄语旗来说也是一种积极的互动，比姐姐的其他朋友因为觉得她小而不理她也不反击她更让她开心，结果三人也形成了一种相对稳定的关系。

每当ELISA来的时候，我都会躲开，这样就可以避免使两个孩子陷入要在Miranda和ELISA之间选出一个最喜欢的人的尴尬局面。并且，我希望我的作用是能够在ELISA不在的时候继续激励和帮助黄语晏渡过难关，而不是使她一时间拥有两个坚强的后盾，而下一秒两个人又都离开她，使她不知道还能依靠谁。

人际关系的整体性在黄语晏这样敏感的孩子身上体现得非常明显：一个重要关系的失去会使她的其他关系也发生变化，有可能是更加倚重某些关系——比如说我；也有可能对其他关系也变得失去信心而冷漠——比如说她的其他朋友，但不管是哪一种，我想都是不健康的。因此我希望她的关系网能够相对稳定：失去一个重要的好朋友，迎来另一个好朋友，甚至可以暂时空缺，而不是把感情重任转嫁到其他关系上。同样地，也不要同时补充那么多的好朋友来冲淡与其中每一个朋友的关系——毕竟孩子的精力和注意力都是有限的，只能够关注和信任极少的对象，这也是为什么至少在青春期结束以前，孩子真正的挚友都只会维持在一两个、两三个这样很少的状态，可能会流动，一个来了一个走，但不会同时维持很多，这是不符合他们的承受能力的。

对于青少年来说，能够依靠的关系实在是不大稳定。整个家庭是一个不断变化的单元，总是在寻求某种平衡。发生的任何变化，比如出生、死亡、疾病、失业、上大学、越洋打工，都会打破系统的平衡，需要新的角色、关系和内在模式。人际关系的整体性还体现在，一个开始只打击到一个家庭成员的事件最终会对整个家庭产生影响。比如说祖父去世，萨沙和鲍威的相继去世，以及将来新的家庭成员加入进来，对她们两个来说都是一种考验。

很幸运的是，黄先生和Sara都非常清楚维持这种流动平衡的重要性。他们两个人都是大状，一周在家的时间也就十几到二十个小时，还不说大部分是用来会客、开会、看书和睡觉的。因为工作压力非常大，两个人的脾气和关系也并不是十分稳定。Sara性格很好，她会非常细腻地照顾两个孩子的感受，和黄先生吵架的时候也会躲去别的房间吵，而黄先生是典型的亚洲男人，容易急躁并且急于树立自己在家庭中的权威，有时候就会大声训斥别人，甚至动手打人——虽然事后他都会尽力弥补、真诚致歉，但是孩子是非常敏感的，她们能够从蛛丝马迹中判断出家庭成员之间的关系变化，为此感到沮丧和无助。

不仅是孩子，家里的两只狗狗也能够很清楚地感觉到这种变化，他们"四个孩子"强忍着内心的恐惧表现出一副非常可爱和欢快的样子，希望以此维持家庭的稳定。

孩子经历的第一层关系通常是发生在家里的，因此这种关系是最为重要的。这个亲密无间的小群体是大多数儿童接触社会生活的基础，在这里他们习得人际交往的规则，这里还是他们遭遇了外在世界的困惑时的安全基地。在过去的50年里发生了许多社会变化，包括离婚、单亲家庭、工作妈妈、夫妻的角色易位、再婚后的混合型家庭等。在经历了这些变化之后，我们清楚地看到家庭的定义不再像以前那样狭隘，家庭形式的变化对儿童发展的影响已经开始受到广泛关注。

Kings是一所比较精英化的国际学校，香港的这一类学校对父母的审查有时比对孩子更严格。比如父母是否有受人尊重的职业和稳定的收入，是否有时间和意愿陪伴和辅导孩子，当然，父母双方的关系是否健康也在审查之列。因此，我所见到的姐妹俩周围的人，家庭都是比较和谐稳定的，离婚和再婚现象都很少见——在黄语晏的词汇里甚至都没有出现过"离婚"这两个字，更不要说黄语旗了，我记得在我青春期的时候，朋友、同学的父母外遇和离婚的传言是非常"平常"的，确实影响了很多人的择偶观甚至是婚恋观，有一些人后来自我调整回到正常轨道，有一些人始终很难信任他人，尤其是异性。在这方面，我们常常认为这是我们大人自己的事情而不够重视这其中自己对人际关系的处理对孩子的影响。

实际上，正如我一直强调的，一种关系并不是独立于其他关系存在的。我们都是从个人经历中知道关系的，也都花了很多时间思考它。无法建立关系、误解、冲突和分离，这些都是许多苦难的源泉。父母之间关系的微妙变化，会深深影响与孩子之间的关系，也会影响孩子之间的关系，它们并不是互相隔离的，而是一种牵一发而动全身的关系。婚姻和兄弟姐妹的关系之间的联系，夫妻之间的敌意越强，他们对婚姻就越不满意，他们的子女之间就越可能有争斗和冲突。同时，反方向影响的可能性也要考虑，也有这种可能，就是子女之间的冲突造成了父母之间的矛盾。儿童的社会化不是从父母到孩子的一个单向过程，双方都在互相塑造。包括人与动物也是一样，我们总说宠物的性格会越来越像主人，实际上这种"像"很可能是双方都在调整，就像我也曾经用鲍威的好脾气来调整黄语旗的急躁，而黄语旗的性格改变也会影响到黄先生，鲍威和黄先生的亲近也会让他们两个相互改变，可见关系是复杂而多变的。

班级VS圈子

我们通常把我们的关系网结构分为垂直关系和水平关系。垂直关系是与自己知识、权力有落差的那些人形成的关系，比如同父母、老师，同子女、下属的关系。建立这种关系的交往总是补充的性质：一方控制，一方服从；一方寻求帮助，一方提供帮助。家庭中垂直关系的主要功能是给孩子提供安全和保护，使他们能获得知识和技巧。

水平关系是社会权力相当的个体之间的关系，这种关系在本质上是平等的，交往总是互惠的，而不是补充的，比如说朋友、同学。水平关系中我们能够习得只有在平等的人中才能学习到的技巧，比如那些与合作、竞争有关的能力。同时因为水平关系的平等性，它比垂直关系更难维持，所以当我发现黄语晏能够很好地维持这种关系时，我很肯定黄先生对她的判断是错误的，她的社交能力是非常强的。

孩子在建立关系时，不论是水平还是垂直，主要就是去和他们喜欢、看中的人交往，甚至能够主动去寻求这种关系。即使在建立关系时不那么主动，至少也要积极表现出自己那些吸引人的特征——最简单的就是良好的外表，干净漂亮，健康善良，博文多才，善解人意，越多越好等，这些都能够弥补在社交中不够积极的问题。

在一个班级里，实际上有着多种多样的社会角色，孩子可以找到最合适自己的那一类社会角色：是领导者还是追随者，是小霸王还是被欺负者，是小丑，是军师，是施舍者，或者是任何一个真实的社会圈子自然赋予的可能的身份。

我曾经看过很有意思的一张图，画的是一个班级的孩子，每个人旁边都有一两个词的介绍，比如小透明，万人迷。据说图中总有一个是你——这其实没什么出奇的，一是人的大致分类就那么几种，有差异也不会差太远，你会不由自主地去套；二是在儿童时期你就会不由自主地去根据班级这个小社会的需要进行自我调整，变成一个被需要的和别人认为最适合你的样子，这也是每一个小集团变得完整的方式。现在有很多大公司在人力资源配置时，都会刻意给每个团队配备形形色色的人，而不再是人以群分。

孩子融入某一个圈子这个事实说明，这个圈子的穿着、行为的准则，将来还会有道德价值的准则，是符合孩子自身的判断的，并且会在孩子的自我感觉中加以强化，决定了什么是可以接受的，什么是不可以接受的，这种影响不会比垂直关系中获得的影响小。

安全座椅

Sara和黄先生各有一辆保时捷跑车，但是只有上班的时候才开，接送孩子的时候是会按学校的安全要求开保姆车接送的。学校里也有一些不那么守规矩的家长总是开跑车来学校，实际上学校也无法制止。其实很多保姆车比跑车还贵，但是在小朋友中间，显然是跑车更受欢迎，尽管坐在里面不那么舒服，更不可能安装安全座椅，但是颜色鲜艳、造型别致、男女通杀。

有一天家里的保姆车坏了，AL一时找不到可以开的车，于是只好开跑车来学校接黄语旗（黄语晏生病请假在家）。这可把黄语旗高兴坏了，我很诧异。因为她只能坐在后排，可是跑车后排又窄又小非常难受，香港的道路环境又不可能开多快，有什么可高兴的。后来我才明白，因为跑车座位无法安装安全座椅。

黄语旗还远没有到黄语晏对这个世界的规则、规定开始痴迷的年龄，但又有点儿想要融入成年人的社会，因此坐在安全座椅上对她来说就像是一种歧视，她不需要舒服，就想跟我们一样，坐个普通的座椅。

黄语晏也不喜欢坐安全座椅，但是她快要满12岁了，"刑期"快要结束了，优越感也随之而来——这可能也导致黄语旗更加着急。同时，黄语晏的年纪，对于世界规则的认识正在一个巅峰，能够遵守规则反而代表着他们有资格融入这个世界，因此很乐于遵守规定。

校园霸凌

黄语晏会跳舞——虽然并没有多大兴趣，只是因为妹妹跳得不好，自己跳得好，她享受妹妹羡慕自己的感觉。而且因为黄语旗总是想跟姐姐在一起，又总是惹姐姐生气，所以去上舞蹈课的话，黄语晏也可以暂时躲开黄语旗。

舞蹈是有神奇力量的，甚至比布道更有说服力和吸引力。原始宗教中，舞蹈被认为是能够沟通神灵的方式，在此基础上，产生了戏剧、诗歌等很多艺术形式，并且在很长一段时间里，诗歌和戏剧都没有脱离舞蹈独立存在，这大概也是舞蹈的韵律对语言句式的提升方式吧。

在人类发展史上，重要程度仅次于舞蹈的活动，大概要算人际间的对抗性活动了，如摔跤、打架、拳击、决斗。这不是以性别划分的，可是很奇怪，舞蹈在发展过程中向着越来越女性化的方向而去，很多男孩子不愿意跳舞，因为觉得那是女孩子做的事情，后来也有一些舞蹈是禁欲的象征——实际上在古代，男性舞蹈是非常阳刚和雄浑的。

因为不再跳舞，战斗就成了男孩子最主要的活动，并且，一个不怕打架的

男孩子显然要比一个在战斗面前畏惧后退的男孩子更加优秀。和舞蹈一样，我们应该将对抗性活动与一些和其相关的不良模式分开。比如说校园霸凌，这和运动及战斗的初衷相去甚远。

摆在我们面前的，是各种具体、鲜活的客观犯罪事实。这种现象一直存在并且不在少数，只是随着互联网发达起来，我们才了解并意识到有很多校园霸凌是那么不可思议。孩子身上带着伤也不敢和家长、老师说，一是担心被报复，二是不想成为告状的人——黄语晏在遇到不公正的老师时，也没有选择通过校长解决，而是一个班的孩子自己把老师赶走了。但是不是所有的孩子都这么强硬，也不是所有的情况都能够自行解决。那些仅仅是倚仗自己身强体壮来和别人开一些过火玩笑的孩子，和那些在这种霸凌行为中寻找权威感或获得利益的人，还有那些人格障碍的人是完全不同的。

瑞士心理学家 Dan Olweus 对霸凌的定义是：任何侵略性的、反复的、存在不平等力量关系的行为，都是霸凌行为。

有人分析过什么样的孩子容易受霸凌，比如被霸凌者的长相、身体形态、性格、成绩等，似乎正是我们所见过的那些被欺侮的孩子的特征，但是，具有这样的特征就应该被欺侮，或者就应该为了避免被欺侮而改变吗？显然不是。"为什么只欺负你不欺负别的孩子"暗含了一个非常错误的逻辑，那就是认为被霸凌与受凌者本身有关，这是大错特错的。

霸凌与恼羞成怒动手打人不同，霸凌的产生是源于对别人的看不起，觉得别人不值得被尊重。

而这种轻蔑绝不是与生俱来的，而是从后天环境中习得的。这种对什么人值得尊重，什么人不值得尊重的判断标准，都是孩子们在环境中看到的，比如说表扬成绩好的孩子，孩子就会"知道"成绩不好的孩子不受尊重；比如说拥抱长得可爱的孩子，孩子就会"知道"肥胖矮小的孩子不受尊重；比如祝贺运动成绩优秀的孩子，孩子就会"知道"身体孱弱的孩子不受尊重。而为了强化这种优越感，孩子很有可能就会霸凌那些不受尊重的孩子。

事实上，尊重一个人的条件，与成绩好不好、听不听话、是否强壮、家境是否富足没有什么必然关系，这都是成年人错误的价值暗示带来的后果。

霸凌也不是少数事件，有研究说，美国5~12岁的学生有超过20%表示自己曾经被霸凌过，也就是说每5个孩子就有1个遭受过校园霸凌，可见这种来自成人社会的错误的价值暗示有多么普遍。

我也不相信那些严正批评现在的孩子有多坏、多离谱的成年人在青少年时代就有多么富有正义感，事实上在对霸凌事件的留言中，有很大一部分人表达了对自己少年时代的霸凌行为的忏悔，因为那个时候他们根本就不知道这是错误的行为。

许多国家都有一些公益组织，一些暴走族向被欺凌的孩子提供保护，示威性地吓唬、赶走那些坏孩子，非常暖心。学校也开始对霸凌行为的孩子严厉处置，许多孩子被转学和开除，甚至送到法律规定的地方。但其实大部分霸凌行为是可以通过教育避免和矫正的。黄语晏遇到过的最严重的"霸凌"行为，可能是有个女孩子不喜欢她，不让别的孩子和她一起玩儿。但是大部分孩子的公正意识非常强，他们认为黄语晏没有做错什么事情，有人针对那些没有犯错的人，引起了孩子们极大的反感，结果是他们不仅没有孤立黄语晏，反而不再跟那个滋事的女孩子一起玩儿了。黄语晏还是冷静的，她跟朋友们说她不介意他们和那个女孩子一起玩儿，"她不喜欢我，她不要和我玩儿就好了，我又不想和她玩儿"。至于别人，她才懒得管呢。如果黄语晏愤怒地报复那个女孩子，那么她就变成了和那个女孩子一样的人，也会引起反感。

孩子们总是在不断挑战环境来判断自己在环境中的地位，有时很容易过分，可以理解。而判断中发现自己处于优势地位时，如何能够让自己保持公平、谦逊，这是成年人也很难处理的问题。我还是希望让所有的孩子开阔眼界，世界那么大，当他们明白自己在这样一个小世界中称霸没有任何意义，明白其他的强者想要欺负自己也是不费吹灰之力的事情，明白证明价值有很多种途径时，自然就不会热衷于这种双商都略显低下的活动了。我相信，公平正义才是我们与生俱来的特性，其他的都是与环境磨合衍生出来的，是可以调整和加以利用的。

第七章　考验才刚刚开始

kao yan cai gang gang kai shi

新老师

因为我要准备毕业答辩和开始工作，我必须帮助黄先生和Sara面试新的家庭教师。他们知道再找一个像我这样为了打工调整选课的奇怪的人很难，因此放宽了标准，不再限于女生，也不再限于北京人了，后来甚至放宽到不需要中文系学生了，但是依然很难找到合适的人选。其实在打工的孩子看来，他们给出的条件是非常优厚的，但是说真的，现在出来上学的孩子已经很少出身寒门了，他们大多也很清楚自己到底要什么，他们更愿意多花点时间上自己喜欢的课。后来我们从其他学校找到了还不错的候选人，由我带她们一起上几次课，大家互相了解一下看是否能够互相适应。

两个女孩子都是南方人，口音肯定是有一些的，但是我也对黄先生说过这个问题：整个香港都是广东口音的普通话，包括黄先生自己也是，她们的朋友们也是，每天一两个小时的普通话中文课根本不足以抗衡这种口音的洗脑，早晚会受影响的，黄先生才作罢。

我不知道是青少年不太愿意接受新的人进入她们的生活，还是真的因为我的方法让她们更容易接受，一开始的交接真的是非常困难。在需要相互适应、相互迁就的重要阶段，黄语晏、黄语旗不仅不大力配合，甚至更变本加厉地故意出难题，让新老师难堪，弄得新老师焦头烂额。有时我需要私底下解释，有时我甚至故意触犯她们的底线，以便让她们意识到我并没有那么值得维护和留恋，能在心理上稍稍倾向于新来的老师。

其实在我之前，她们也有过几个家庭教师，有一两个也很受她们欢迎，但是由于我是直接接替，没有经过这种面试和交接，所以我来的时候她们很清楚：即使跟我对着干，之前的老师也不会回来了，而把我挤兑走，还会有新的老师来，所以我平稳着陆了。

　　但是Stacy不一样，现在这种安排，她们两个多少会认为是因为Stacy来了所以我才走的，所以她们从心里想要替我抱不平，总是欺负Stacy。而实际上我却很怕她们真的把Stacy挤兑走了，就没有这么好的老师接替我了。

　　她们欺负Stacy的方法其实还是老套路，比如，Stacy要是说中文她们就假装听不懂，说英文她们就要纠正她的错误和语音语调——香港人员复杂，基本上没有人再说纯正的英语了，都是各种口音和各种语法错误，她们早就习惯了，绝对不影响顺畅交流，很明显是在捣乱。

　　还有就是孤立Stacy。

　　孩子们虽然理论知识掌握的很少，但是有很多本能。比如知道孤立一个人的杀伤力——两个人都被孤立或者被试图孤立过，但是她们当时再生气都没有反过来孤立别人。而到了Stacy这儿，这些原则就都不要了，仿佛真的是一场战争。Stacy也被激起了求胜心——这跟我刚来的时候是何其相似，我想她至少不会比我差，所以我想我可以多帮助Stacy一点。我也献出了我的绝招，就是复制一个我，让她们两个从内心里不知道该不该反对，搞不清楚自己到底是在反对谁。

　　我教Stacy我最开始的时候用的招数，比如给糖，给手机，读故事，聊天，把我的食物给她们。我还教Stacy说一些我常说的话，比如我的天呐，所以呢，然后呢，太酷了，我很喜欢等。还有一些小原则，比如走路牵手，不帮她们拿书包，不告状。还有Stacy说话的时候如果她们不理，我就去接话，然后我和Stacy两个聊起来，反过来"孤立"她们两个。

　　很快她们就失去了孤立Stacy的立足点。因为Stacy做的事情都是我也会做的，她们不能挑三拣四；她们不理Stacy的时候我也不理她们，而当她们对Stacy友善的时候我会表现得很高兴。于是慢慢地，她们也开始接受Stacy，因为发现我并不是因为Stacy来了才要走的，相反我很喜欢Stacy，甚至有可能为了Stacy多留一段时间。

　　等她们冷静下来了，我跟她们进行了一次谈话——不要总觉得孩子不会静下心来听你说什么，不要觉得说了他们也不懂所以就什么也不和他们说。相反的，很多时候反而是我们自己不能够静下心来跟他们谈，或者是我们自己没有理清事情的头绪。一旦你愿意像对待大人一样对待孩子，你会发现他们的理解能力是惊人的，他们也会表现得像个大人一样，讲道理，守规矩。

我说："我其实早就应该走了，我的工作已经完成了，但我还多留了一个月，知不知道是为什么？"我没等她们回答，接着说："首先是舍不得你们，如果我有时间，我就会过来看你们，这个月我有一点儿时间，所以这个月就在。以后也是，我一有时间，就会过来，所以你们不用担心。"

"还有就是，我要给你们找一个好老师。为什么呢，因为如果接替我的老师对你们不好，我是不能走的，如果她让你们做一些没有用但是很辛苦的功课怎么办？如果她总是向爸爸告状怎么办？如果她总是很凶怎么办？我帮妈妈选了很多老师，Stacy是最好的，而且我也有她的联系方式，如果她对你们不好，你们可以不通过妈妈，而是直接找我，我会找到她教训她，这样你们也不用担心妈妈不相信你们说的话，因为我会相信你们的，对吗？"

她们两个点点头。

我说："但是你们要注意，也不要欺负Stacy，知道为什么吗？"

黄语晏说："欺负别人是不对的，尤其是那些比你差的人。"

我说："对。还有就是如果你们把Stacy欺负走了，谁会接替她教你们呢？不知道。搞不好还没有Stacy好，而且Stacy也完全可以选一个很凶很坏的老师来，因为如果不是这样的老师你们又会把她欺负走，只有很凶很坏的老师才能留在家里，你们希望这样吗？"

黄语旗笑着说："NO！谁会希望！"我们三个都笑了。

我说："所以呢，你们有什么打算，关于Stacy。"

黄语旗说："听话。"——她说是这样说，到时候Stacy最头痛的人肯定是她。

黄语晏说："听她的话，但是如果她对妹妹不好，妈妈又不相信我们，我们可以发邮件告诉你，你会跟爸爸妈妈讲，这样爸爸妈妈会相信，然后叫Stacy走。但是我们不可以欺负Stacy，那样的话她也会走，她走了会有更不好的老师来，那我和妹妹就惨了。"

我憋着笑说："没错，很对，很好，我说的你们都听懂了，你们想叫Stacy做什么你们可以跟她说，如果是很好的事情她会做的，我希望你们想念我，这很好，我会很开心，但是不用太想念我，因为我有时间就会回来，就像ELISA那样。"

随后，我就离开了这个家。在最后一晚我坐车走的时候，黄先生和Sara都不在家，天已经黑了，我和她们两个道别，然后菲佣带她们上楼洗澡——菲佣是为了帮我，她们知道如果不这样的话我就走不了了。谁知黄语旗冲破了防锁线光着脚跑出了院子，我说："你回去穿鞋，我等你穿鞋出来跟我再见我再走。"她不答应。我说："那你回到大门里，看我走，如果你站在街上她们（菲佣）就不会让你送我了。"她退回到大铁门里，两手扒着铁栅栏看着我不说话。

车子载上我，向下走转了一个圈又路过门口，再次经过黄语旗，她向我挥手，我也向她挥手，然后我看到菲佣出来把她带回了房子里，关上了门。

自尊心

在这之后黄语晏、黄语旗放暑假来上海游学，我也是偶然得知。黄语旗发了一封邮件给我，然后没等我回复就发了Face Time——我后来想想，这个节奏感真是惊人，她很着急想找我，但是又知道直接发视频邀请有些冒失，所以先发了邮件给我，就算我事后才看到邮件，至少可以证明她的流程是没问题的。

我接受了视频，看到黄语旗的小脸儿还是很激动的。她先怯怯地说："老师你好，你还记得我吗？"我心都疼了，她以前从来不叫我老师，一直叫我Miran或者恐龙——因为发音是孔字开头的词她只知道恐龙，甚至连孔雀都不知道。Sara说过她几次，说别人不会喜欢你随便给他们起名字，但其实我是不介意的。而霸道、自信如黄语旗这样的孩子，居然先跟我确认我是否记得她，我一时不知道她是中国文化学得太精到了还是我不在的这两年这孩子吃苦头了。

不过后来我求证之后，结果还是令人欣慰的，确实是她的中文突飞猛进，

不过我想也有赖于我走之后她们遇到的几个"凶"老师。

那是在几天之后，Sara得知我们联系上，就发邮件跟我聊起姐妹俩的近况。我走之后，姐妹俩不再共用一个家庭教师，而是分开上课，并且先后换了几个老师，有因为时间总是配合不上，一周只能上两三次课的，也有太凶了Sara不能接受而换掉的，总之给孩子们带来了很大困扰。所以Sara还是寄希望于我能够回去教书，我只能婉拒了。

黄语旗的中文水平全方位地提高了。我的语速是非常快的，过去我说话很快的时候她就听不懂了，后来可以听懂了，但是不能用中文回应。而这次，我发现我们两个的中文语速几乎持平了。并且与黄先生不同，黄先生虽然也能用中文顺畅表达意思，但是马来西亚口音比较重，而黄语旗几乎是比较好的普通话了。在读写方面也很令我吃惊。她在近一年的时间里给我写邮件只能写"你好"两个字，然后等着我联系她。我的回复中如果有问题需要她回答她就无法回复了。而这次在我们的邮件往来中，既有寒暄也有问答，她的回复几乎没有逻辑和语法错误，用词也几乎是顺畅的。

当然，一方面是她的年纪使然，这个年纪的小朋友，语言能力正在顶峰，他们可以学会任何你教给他们的语言；新老师的高压政策一定也起到了很大的作用；另一方面我想就是当时我帮助她们建立起来的对中文的兴趣和自信——因为我已经离职两年了，她们还在热切地期盼我回去教她们，所以我有一点自信。

视频的时候黄语晏在看电子书，我看了一下，是英文的。中文对她来说本来就是外语，并且在一个陌生的、高强度使用外语的环境中，当然需要读一些母语的东西来缓解一下疲劳，但是她表现得很尴尬，仿佛认为我看到她没有在读中文书会很失望或是生气——她们两个对中国人的日常氛围真的是适应得让人心疼。

黄语晏开始变胖了，这对青春期的女生来说是很正常的，但是也是需要小心的，Coco·Chanel说：只注重内在不注重外在也是一种肤浅。意思是说只为精神层面的满足而骄傲而不懂得通过外在的改善来改善人际关系也是对社会和人类的理解不足。所以我很担心在这个体型和审美形成的重要时期，并没有一个导师能够指点她，怎样适度关注外表。

黄语晏本身就像是Coco·Chanel说的那种"肤浅"的人，她对自己的头脑很有自信，同时也因为她们班上有一个很漂亮的女孩没有展现出多少才华和修养，于是她就很反感别人说她漂亮。如果你说，"黄语晏你穿裙子真漂亮"，她可能再也不会穿裙子了。但我想这种自我禁锢终究有一天会让她吃亏的。这个世界还是会有通过外表来抢夺机会的人，也永远会有以貌取人的人，那么我们是不是就要把机会拱手让人呢？

即使不从增强竞争力的角度讲，外表给陌生人造成的第一印象也是很重要的。黄语晏在第一次见到我的时候，也关注到了我穿什么衣服，梳什么发型，只是她自己的逻辑能力还没有那么强，没有看出这两件事中的关联，没有发现自己的矛盾。

黄语旗也是不修边幅的，她是因为这个年纪还没有想要吸引的人，也没有形成对自己形象的定位。但是黄语旗很知道利用外表来获取利益——想到将来黄语晏就要跟黄语旗这样的人交锋我就觉得，还是应该让她早点接触到这样的人——不过有黄语旗这碗水垫底，情况会好很多。

永　别

在和黄语旗的通话中我获悉，我离开的两年间，可怜的鲍威和萨沙相继死去了。

早在离开她们之前我就很担心，萨沙和鲍威年纪都非常大了，其实已经远远超出了它们这个物种的平均寿命，加上它们两个的身体状况也一直不好，所以早晚会离去的。萨沙来得晚一点，鲍威是先于姐妹俩来到这个家的，姐妹俩那么喜欢它们，我很担心它们走的时候她们两个会承受不了。但我从黄语旗的语气中没有听到太多的悲伤，我猜想它们两个应该走了很久了。并且Sara在积极地帮这个家寻找新的狗。她一直是从动物收容所领养动物，萨沙和鲍威都是

从那儿领养来的，那里的很多动物是因为生理缺陷而被遗弃的，所以也可以理解为什么在一家人的精心照料下，萨沙和鲍威的身体依然不是很好。新来的狗狗一样也有身体上的缺陷，但是听得出黄语旗很喜欢它，她也在等妈妈帮家里再找到另外一条狗，这样这一条就没有那么孤单了——黄语旗从前是没有这样的耐性的，这是她另外一个成长痕迹。

而黄语晏一直相信生命是会轮回的。她曾经给我讲过她外公的猫的故事：猫死去的第二天，一只没有见过的新的猫守在外公家门口，外公喂它鱼吃，猫就留下来了，外公说它的眼神他一眼就能认出来。所以黄语旗所说的妈妈在找的狗，应该就是在找黄语晏认为的萨沙和鲍威轮回回到这个家里的狗。这是一种很好的寄托和排解，不一定是某一种宗教，可能只是一种自我信仰，能够帮助她度过很多艰难的岁月——但我也从中看出，黄语晏在很多时候并没有黄语旗那么坚强，她更加敏感，更加具有女性特征，我不知道这是性格使然还是年纪使然，我期待看到黄语旗在这个年纪的时候会作何反应，也深深为没能见证黄语晏的少年时代而感到遗憾。

没过多久，外公也辞世了。黄语旗没有那么明显，但是黄语晏一直是最喜欢外公的，现在外公不在了，她也已经足够坚强了，真好。

我没有见过她们的外公，她们也只是每年圣诞节回到爱尔兰的时候才和外公住几天，外公几乎不来香港。外公是一位化学家，我暗自猜测Sara家的姐妹是否是因为担心受到什么化学试剂的影响所以才纷纷选择领养孩子，当然这是一种不那么光彩的想法，正如我说的，这是中国人的一种奇怪的文化，会根据这种猜测去避免谈及这个话题，以免引起对方的不快。

我每天都在担心这个担心那个，但是当我审视自己的时候才发现，自己竟也有那么多的劣根性和坏习惯。其实对这件事的处理，如果让我给出一个官方的策略，我会说我应该开诚布公地和Sara说出我的想法，当然是以一种礼貌的方式，而不是藏着掖着暗地里去揣测。但是人毕竟是有缺陷的，现在至少我能够正视自己这种为人处世上的缺陷了，这未尝不是一种进步。

第八章　这样的你们

zhe yang de ni men

之所以有这一章，其实是因为写着写着，我发现不能用理性的思维来解释为什么你们这样的时候生动可爱、那样的时候又令人印象深刻。因此用逻辑来描绘如此丰富的你们其实并不合逻辑。

恶作剧

黄先生没事的时候喜欢搞一些恶作剧。比如趁黄语旗不在家，把她的东西全都装在一个口袋里，挂在她够不到的地方。等黄语旗下课回家，回到房间什么都找不到的时候，然后猛然间在门背后看见自己的全部家当。更加悲催的是，看到了也够不着，怪叫着冲下楼去找爸爸算账。

她之所以问都不问就知道不是姐姐、不是妈妈也不是菲佣，是因为黄先生已经不是第一次做这样"无聊"的事情了。事实上从黄语旗三岁起，黄先生就隔三岔五来一回，起初黄语旗气得发笑，后来就只有看的人觉得好笑，黄语旗自己已经很无奈了，但是黄先生还是坚持这样做。我想，再严厉的父亲也希望和孩子打成一片，黄先生大概也是没有什么好玩儿的，只有"欺负欺负"黄语旗逗她开心了。

黄先生还有其他惯用的恶作剧。比如说，有时他回家很晚，黄语晏、黄语旗已经上床睡觉了，他就悄悄地去孩子们的房间看看，看到菲佣把黄语旗第二天要穿的衣服摆在床头，他就把衣服全都拿出来穿在黄语旗的娃娃身上。第二天早晨，全家人都忙得像打仗一样的时候，黄语旗匆忙起床穿衣服，却发现所有的衣服，从里到外包括袜子都穿在玩具身上，想要穿上衣服就要先从玩具身上脱下来，又是一阵怪叫然后冲下楼找爸爸算账。然后那天黄语旗当然就会迟到，但是又不能告诉老师是因为自己的衣服穿在玩具身上所以迟到。

Sara气得打黄先生，然后他反而更加得意了。

因为总是被爸爸整，所以黄语旗在得到机会的时候也从不放过黄先生。

比如黄先生比较胖，非常爱出汗，她就在全家人都等着她出门的时候故意指使黄先生去拿这个拿那个，结果黄先生楼上楼下跑几趟之后，新换的衣服也已经湿了一片，只好去换过再出门。

但是很明显，黄先生对黄语晏就收敛很多，有点儿不知道怎么和青春期的女孩交流，有时候看到黄语晏甚至感到局促，所以从来不敢去整黄语晏。而黄语旗为了不被爸爸整，故意装得很凶的样子，结果黄先生更加想笑，愈发去招她。

Sara对黄先生和黄语旗之间的"幼稚"互动无奈又好笑，但也不阻止，因为或许等到黄语旗也进入青春期，就没有人陪黄先生玩这么幼稚的游戏了。

孩子对家的热爱是那么强烈而不易察觉。

黄语晏、黄语旗在书房外面的客厅走路时是有固定路线的，踩哪几块地板进到书房里是有讲究的。这是因为木质地板不会每一块都相同，有些地方踩上去会吱吱呀呀地响——这也是木质地板迷人的地方之一。而当她们两个需要偷偷溜出房间上楼去玩，或者要悄悄进来吓唬屋子里的人的时候，就会根据平时的练习精确地踩到不会发出响声的地方，绝对安静地行走。

但是，黄先生和Sara是没有这份安静地图的，当他们想要悄悄靠近书房搞"突然袭击"的时候，往往房间里的两个孩子早就听到地板的声响而提前做好准备了。

不仅仅是客厅到书房的木质地板不同，家里的什么地方是什么样子的她们都很清楚：比如两个人的房间之间的隔板是不隔音的，可以在夜晚敲墙板交流；比如黄语晏的房间其实要比黄语旗的房间大一点，尽管黄先生总是说是一样大的。

"骚扰"信息

黄语旗喜欢玩我的手机，还有一个重要原因是她发现了微信的玩法。黄语旗、黄语晏两个人以前都是通过邮件和朋友联络的，有时还会Face Time，但是像微信这样早上和别人说一句话就可以等着晚上放学听对方的回复的软件还是第一次见。这种语音留言功能能够听到对方的声音和语气，但是又不一定要实时回复，这种时间上的落差真是挺有趣的。我常说小孩子的时间观念是被我们刻意培养成的一种线性的时间观，从开始到结束，既不会分支也不会断掉，可是在微信的对话上，这条时间线却是断掉的，这不是很有趣吗？

于是黄语旗就经常用我的手机给我的朋友们发"骚扰"信息。她会挨个看大家的头像，每次都找固定的那几个人"聊天"。她是真的想聊天，可是每当点开之后她又突然感到无比害羞，结果支支吾吾一分钟也没说出一句整话，有时候我的朋友还挺期待跟她聊两句的，可是这样一来就无从聊起了。于是她们就主动逗她，问"你是不是黄语旗小朋友啊？""你放学了对吗？"这类的问题，果然这样她就没那么紧张了，便可以开始真正通过微信聊天了。

从这件事情上我就发现，害羞的人其实并不一定是不善言辞的，但大部分是不善于开始的，比如开始演讲之前会发一个语气助词，"嗯呀啊啊"之类的，而对话的时候则需要对方先展开谈话否则就无法开始。

但是这些害羞的人是没有交流的魅力吗？我想也不是，在很久之后我的朋友们还在谈论那时候黄语旗小朋友和他们聊天的事情，表示非常想念她。

蓝宝石与书

一些富裕家庭在处理孩子的金钱观念时总是非常头疼。给他们多少钱都是拿得出来的，但是担心因此而扭曲孩子的金钱观和价值观。事实上我们看到一些堕落炫富的孩子大多是因为金钱与思想不匹配，只好通过这种方式发泄自己，实际上他们也很痛苦。然而一味地"压榨"孩子，"穷养"孩子，也是会对孩子产生不良影响的，可能会使孩子变得吝啬，为富不仁。

就像对待糖果一样，Sara会给孩子们充足但有限的钱，可以用来买任何自己喜欢的东西，但是花完之后不会进行补充，那么你花钱的时候就要思量一下，自己是否确实非买不可。

Sara也确实不会干涉黄语晏、黄语旗都去买些什么东西，而我看到了很有意思的现象。

黄语晏是比较有计划性和自控力的，所以，如果说两个孩子中有一个会攒钱那我认为肯定是黄语晏，然而事实恰好相反。

黄语晏喜欢书，每次零用钱一发下来，她第一时间就钻进书店大买特买。即使是在国外度假，在纪念品商店选购时，八成也都是带书回来，少数几次没有买书带回来的也是昆虫化石。

而黄语旗则更让人惊讶。她是一个"活在当下"的孩子，平时有糖就吃，有玩具就玩，能不努力就不努力，能不受苦就不受苦。然而在对待钱的问题上，她又突然能够克制自己了。她每次拿到零用钱，还是会花一部分进行享受的，比如有一千港币，就花两百港币买糖果买纪念品——也就是钥匙扣之类的，有时还会给家人买。而剩下的钱，她就悄无声息地攒起来了，说是悄无声息是因为，以所有人对她的了解，都会认为她把钱挥霍在了吃喝玩乐上，这简直是毫无疑问的。

但是突然有一天，在全家一起逛商场的时候，黄语旗在珠宝店里问Sara："我可以买吗？"Sara被逗笑了，说："只要你有钱，就可以买，我可没有钱。"黄语旗就真的没有纠缠Sara，而是开始认真的选珠宝！全家都被她逗笑了，而当她终于选定了一条蓝宝石项链并且自己结了账之后，全家人都惊呆了。黄先生问她哪里来的这么多钱，她说："我每次拿到零用钱都没有用，我存起来的。"黄先生说："那你用了全部的钱买了项链？"黄语旗骄傲地说："不

是全部！"当黄先生追问她还有多少钱的时候她就再也不肯透露任何有效信息了。

通过这一次，我才真正认识到，一个真正的享乐主义者是怎样处理金钱的。那些过分担心孩子会坐吃山空，最终穷困潦倒的家长们，我觉得可以歇歇了，很有可能越是这些看起来不够努力的孩子，他们越是明白将来的危机，对待金钱的态度也就越是认真和富有计划性——这也是一种求生本能吧。反正以后在提到金钱的问题时，Sara都会很敬仰地望着黄语旗说："她是我们家最有钱的人，她真的很有钱。"当然，我们到现在都不知道黄语旗到底有多少钱，那条蓝宝石项链还是要跟很多人解释"是真的宝石不是玩具，是她自己买的哦"。

煎饺和菠萝

Sara想请我帮忙找新的中文老师，恰好我休假到香港玩，于是我和Sara一家人相约吃饭、聚会。黄先生的大姐也带着女儿和准女婿来香港小住，所以当天吃饭是一个颇大的场面。

Sara说提前一周的时候把我会去香港的消息告诉姐妹俩时，姐妹俩纷纷表示不信，认为是Sara为了让她们两个听话编出的谎话。果然我和Sara约好没多久，两个人分别通过邮件问我是否会来。措辞还颇"讲究"，说"你在哪里，妈妈说你会来，应该不是吧？"——我简直不敢相信这是黄语旗能表达的思想，如此复杂且清晰。

当我正式回答我确实已经和Sara约好一起吃饭时，她便开始每天倒计时，听说前一天都没睡着觉。当然我也很激动，穿了旗袍去赴宴。而黄语旗穿得比我还隆重，是那种长款纱质礼服裙子，有点像小仙女而不再是那个用袖子擦口水的小魔王。

Sara安排我坐在她们两个中间——就像以前每一次我们一起吃饭时一样，

不会显得我偏向其中任何一个，也可以防止她们两个吃饭时打起来。她们俩都显得比较紧张，如同我们第一次见面时那样。不过这种生疏感很快便消失了，她们俩开始抢着跟我聊天，并且一个殷勤地给我夹菜，另一个就生气地说："你没有问Miranda是不是想要。"

其中有一道甜点有很多菠萝，这是黄语旗小朋友最喜欢的水果，黄语旗就再也顾不上给我夹了，并且还趁黄先生起身去洗手间时，叫大家把菠萝都吃完——黄先生也最喜欢吃菠萝——看来这两年黄语旗是渐渐找到"报复"黄先生的恶作剧的方法了。她还特意留了一块菠萝在盘子里，然后等黄先生落座的时候才缓缓把它夹进自己的碟子里，她就是要让爸爸眼睁睁地看着菠萝被吃光，黄先生怪叫一声，全场都笑了。

黄语晏喜欢煎饺，我之前是不知道的。当每个人都夹走一个，煎饺又转回黄语晏面前时，她有点儿愣神儿，心里想要再拿一个，但是理智又让她觉得一直吃同一道菜不给别人留是不礼貌的，结果眼睁睁看着这一个煎饺在桌子上一圈一圈地转。

还是姑姑发现了问题，她看着黄语晏说："我记错了吗？这不是你最喜欢吃的吗？"黄语晏用力点了点头，说："是！"姑姑说："那你就吃啊，我们都已经吃过了，你不要不好意思！"黄语晏用期待的眼神看向黄先生，黄先生说："你想吃就吃啊，不用一直担心别人也想吃，我们想吃的话就吃了。"黄语晏开心地夹到自己盘子里。姑姑宠爱地看着黄语晏说："你太礼貌了，过分礼貌了，不需要这样。"黄先生说："如果是语旗，她肯定'咻'的一下就拿走了。"全家人哄堂大笑。黄语旗被说的时候还在拼命地夹自己喜欢的菜，猛地被点名，假装生气地"哼！"了一声又专注于夹菜，就连第一次见面的准姐夫都乐出了声。

第九章　初来乍到（二）

chu lai zha dao er

时间再回到刚刚结识两姐妹一家时。

我和姐姐刚到香港时，尽管父母一再表示安心读书，不用在意钱的事情，而我自己也还有一些积蓄，但是这里的房租和生活费还是吓了我一跳。我们两个决定，不管多少，必须得有一份收入，不能坐吃山空。我的普通话达到播音标准，又有"中文硕士"这块招牌，因此找一份中文教师的工作太容易了。并且我自己都不能相信，就连英语不够流利也成了我的资本，因为这样一来，那些以英语为母语的孩子家长就不用担心他们的孩子偷懒用英语和我交流了。我唯一的弱点就是过分害羞，有点"自闭症"倾向，因此能够迈出这一步，大概也确实是生活所迫了吧。

我没有系统学习过儿童心理学、教育心理学，我学习的是医患关系中的心理学关系，但无奈我教的孩子并没有什么顽疾也没有什么需要安抚的事情。我也看过一些科普节目，大多是教你怎样改掉孩子的坏习惯，怎样尽快控制住一个失控的孩子，基本上就像教小狗一样。我不是否定这种技巧，相反这些都是很必要和实用的。我当然更不否定现行的教育体系，不管是内地的还是香港的，都是经过精心设计并且很有裨益的，或许是有让孩子们难以适应的地方，但这也正是我们这些老师、家长，还有其他他们信任的人所能够提供帮助的地方。所以我写我在教中文时，帮助她们"对抗"作业，"对抗"老师，"对抗"家长，并不是教她们对抗社会和体制——我认为现在的体制并没有巨大的问题以至于无法适应。我要教她们的，是怎样去适应人生中接踵而来的困难和那些猜不透的人心。有时候我们自己给自己设下的障碍比实际上遇到的困难要大得多，所以我要帮她们尽可能多地破除这些自己给自己设下的障碍、与周围人交往时设下的障碍，能够更加自信和勇敢地生活下去。

如果说我教给她们的比她们的父母或者老师教得多，那也完全是胡说八道。我可能能够帮助她们在短期内更加迅速地达到应付考试的目的，但更多的基础工作，则是由那些传统的兢兢业业的老师来完成的。父母有时候也会因为种种原因，过分严厉地对待孩子——有时他们并不自知，有时他们明明知道这样是有问题的，但出于长远考虑，认为严厉比放纵对孩子的未来更好，因此他们不得已选择严厉，这些我都是理解的。

我存在的意义就在于，在孩子们不能完全理解和完全信任老师、父母的时候，暂时引导她们在稍稍宽松的环境里放松一下自己，不要因为这种对抗情绪或者愤怒、悲伤造成对自己性格上的不可逆转的影响。所以，我在反思自己的工作意义的时候，突然发现，其实这种补充不应该仅仅是学校功课的补充，也不是代替父母陪伴孩子长大，而是确实应该有这样一个"第三者"，能够让孩子们没有负担地说出自己的问题，在需要理解和支持的时候得到她们想要的。她们想要的并不是好学校的录取通知，当然她们也很愿意为了父母高兴而去努力取得，她们更需要的是在奋斗路上的一点精神上的支持。所以我觉得，我的工作是有意义的。

我也从这段经历中回顾了自己的成长经历，发现了我自己性格上的一些问题的成因。虽然二十年来我一直在反思究竟我的那些恐惧和伤感是由哪些童年经历引起的，但有一些我真的找不到症结，那就无从去谈改变了。而和孩子们共同生活、共同成长的这一段经历，让我发现了一些我从前根本不觉得是问题的问题，我们共同面对，共同度过了这些难关，她们今后就不需要为这几个具体的、简单的问题困惑了，而我，也解开了一些自己内心的不解之谜，更加坦然地面对过去和将来，实在是奇妙。

我不批评我接触到的所有人，不管是我们的父母还是我们的老师，我真心觉得他们已经做得非常好了。他们的难处在于，他们或者是面对至亲骨肉，或者是面对数十个家庭的重托，他们只能够选择最稳妥、最多孩子能够适应的方式方法。但作为一对一（当然我是一对二）的家庭教师，我们就一定要知道孩子每一天的变化，对每件事的感受。有时我们也不一定要出手去帮助他们，只

是要让他们知道我们了解他们在想什么，在做什么就可以了。

性格和人格

有时候，孩子的性格是根据成年人的反馈形成的。比如，一个活泼外向的儿童比一个安静严肃的儿童引来的积极反应更多，那么活泼外向的孩子会变得更加积极而安静严肃的儿童会变得更加消极。而事实上，安静严肃本来不是一种消极的性格。

幸好，大多数子女的家长能够认识到：第一个子女所接受的未必会被第二个小孩接受，因为每一个小孩都是不同的生命，因此他们需要不同对待。在不知不觉中，儿童会引发与他们天赋相符合的特定的培养方式，并且他们会马上给予积极的反馈，这是一个良性循环。

换句话说，孩子的成长反映的正是我们这些成年人的性格，这是我工作中最大的私心：我想知道自己是一个什么样的人。

黄语晏、黄语旗的性格缺陷是很明显的，但我依然觉得她们充满了潜力和魅力，并且她们这一代人将比我们这一代人大大领先。因为她们性格上的弱点是自己就有所认识并且关注的，犯任何一点达不到自己内心标准的原则性错误就会懊恼很久，有时候也因此逃避现实。但是这恰恰证明了她们自己已经建立了明确的标准，能够意识到自身的问题，这是非常值得尊重的。而反观我们自己和我们以前的人，因为历史原因、社会原因，往往我们的人格不那么健全，我们不大会心存愧疚或充满感激，我们所表现出来的那些顺从和友善相当程度上是虚假的，我们把自己包装成一个健康的、健全的人，而一旦脱离了规则和约束，我们中的很多人会马上崩溃和疯狂；相反，那些弱点非常明显，内心焦虑着去纠正自身问题的，性格不完善人格却完整的人，他们脱离了规则后，反而会表现如常，甚至有可能建立更好的秩序。

在离开了黄语晏、黄语旗，离开了香港之后，我的生活遇到了很大的问题。但我仍怀有希望，因为我想，同我认识的很多人相比，我和这些孩子是更像的，我很容易发现自己的问题，并且不那么轻易原谅自己的过错。实际上在出现问题以前我就能够发现自己人格的缺失——这一点我必须得为自己自豪一下。

当然，孩子也会使用很多非常拙劣的手段，不仅目的更低级，技巧也更低级。但是这些手段与成年人的手段是有本质不同的：这些是人的本能，而成年人的那些手段却是意识决定的。年纪越小的孩子，她人格缺失的概率就越小，因为除了遗传因素，我们的人格问题往往都是在生活中不断受到伤害和刺激所致——成年人的创伤往往都是在成长过程中造成的，成年人的问题也往往都是在这时形成的。所以，我希望越来越少的孩子在成长中受到这些不良影响，而逐渐成长为身心健全、健康的人，这是对孩子的保护，也是成年人要不断进行自我要求的原因。

对于我们来说，初来乍到需要面对太多的挑战，孩子们初来这个世界，对自己、对环境一无所知，需要不断学习和摸索，我向这些小小的勇士致敬，并希望你们顺利长大。

后 记

其实我时常觉得我自己还是一个孩子呢，如何去谈论怎么照料孩子？所幸我自己也还没有真正长大，我们有了更多的互相理解的基础和一起长大的机会。在实践中我也常产生新的好奇和疑问：早期经验对人的心理有不可挽回的影响吗？我们在何种程度上是被遗传基因塑造的？我们应当格外关注培养孩子的方式，因为这不仅仅是对一个孩子所下的赌注，而是社会的未来完全取决于我们怎样抚养和教育下一代。是否存在着某些"绝对正确的"抚养孩子的方法呢？

社会压力也在逼着每一个成年人去回答我们都曾经面临过的问题，那就是青少年究竟是如何成长的。但是，即使是心理学家，能够探究出答案的问题也是有限的。有些问题依靠的是价值判断，不是数据研究。科学研究或许可以回答体罚对孩子造成了何种影响，但不能决定父母应该有什么样的权利，或者孩子应该有什么权利——这些问题是由社会决定的。另外一个限制是研究方法和工具的适用性。因为人类的行为太微妙了，没办法做适合的测量，更不要说去制定标准了。

"我们了解自己的孩子，不需要这些所谓的科学也知道怎样抚养孩子。"——这些根植在人性之中的固执己见早在心理学出现之前就有了，否则人类根本无法生存。心理学研究虽然更加科学，但是他们提供的是大数据，而每个人的个体经验就是小数据，怎么能用大数据去一言以蔽之呢。

我们管教孩子的经验往往来源于个人经历，尤其是每个人的童年经历。要么是以一种健康的方式，试图让下一代享受同样的益处；要么相反，尽力使孩子避免重蹈覆辙。但依然没有一个明确的答案告诉我们这样做是否正确。

其实一开始我并不知道这本书最后会写成什么样。不过诚如福柯所言，对有些人来说，写一本书是一种冒险——他们害怕完成不了。如果你预先就知道你要在什么地方结束的话，那么你就不会有这样的冒险——也就没有了同这种冒险结合在一起的那种新鲜的经验。

对于我来说，写书是一种新鲜的经验，是一种冒险，而以无知无畏的心态教育两个孩子何尝不是一种冒险。我曾经懒惰过、懈怠过，想要向我所经受的那种简单粗暴但是也蛮有效果的教育方式低头，但最终还是整理心情重新上路。期间也遇到过要与雇主对抗，与整个家庭的习惯和规矩背道而驰的时候，我常常会生出一种消极的念头，认为自己只不过是一个每月拿几千块港币的孩子，不应该承担这样的责任。而当我想到黄语晏和黄语旗那闪闪发光的未来时，我觉得我还是赚到了。如果我这一生能够为社会做些什么的话，我想就是在此时了。有时我被黄先生和我的父亲，以及我所知道的其他父亲如此相似吓到，有时我希望黄语晏、黄语旗能够像别的孩子一样走一条捷径，有时是我自己遇到了困难和挫折，这些事情似乎是阻碍了我们三个进步的进度，但现在看来，反而是加快了成长的脚步。

一路走来，有两个孩子的支持，或者说我们三个互相扶持着走过了一段充满风险和风景的旅途，令我至今想起来都倍感鼓舞，我相信多年以后，在我自己的孩子诞生并逐步走上她们今天走过的道路时，我将感激她们带给我的一切，远超她们感激我教会她们和守护她们的那些。